PARADIGMS
AND
PRINCIPAL PARTS
for the
Greek New Testament

Dale Russell Bowne

UNIVERSITY
PRESS OF
AMERICA

LANHAM • NEW YORK • LONDON

Copyright © 1987 by

University Press of America,® Inc.

4720 Boston Way
Lanham, MD 20706

3 Henrietta Street
London WC2E 8LU England

British Cataloging in Publication Information Available

Library of Congress Cataloging-in-Publication Data

Bowne, Dale Russell, 1934-
   Paradigms and principal parts for the Greek
New Testament.

   Includes index.
   1. Greek language, Biblical—Grammar—Outlines,
syllabi, etc. 2. Greek language—Verb—Tables.
3. Bible. N.T.—Language, style. I. Title.
PA817.B6   1987   487'.4   86-33989
ISBN 0-8191-6099-7 (pbk. : alk. paper)

All University Press of America books are produced on acid-free
paper which exceeds the minimum standards set by the National
Historical Publication and Records Commission.

CONTENTS

PREFACE

This New Testament Greek language tool intends to help those people already involved in the study of New Testament Greek. Whether their work has covered but a few weeks or many years, this book aims to provide a comprehensive set of paradigms and an extensive list of principal parts for reference. The information readily available here can be found elsewhere but usually only by culling several grammars, dictionaries, and lexical aids. This publication intends to supplement, not supplant, these other references. Its purpose is to draw together into a single source the paradigms and principal parts commonly needed by students of New Testament Greek.

Most of the paradigm words used are high frequency words in the Greek New Testament. In order to complete certain examples, a few forms are included which do not appear in the Greek New Testament . This collection of paradigms is intended to be extensive but not exhaustive.

The principal parts catalogue also provides an extensive but not exhaustive list of forms used in the Greek New Testament. The list is structured so as to aid the person who wishes to learn principal parts and/or check the principal parts of frequently (and not so frequently) used verbs.

Several people have seen, examined, and offered suggestions at various stages in the preparation of the manuscript. A word of thanks must go especially to my wife and to Ken Rietz—my wife for her encouragement, ideas, and proof-reading; Ken for his ideas and diligent proof-reading to find and correct my errors. Two of my former Greek mentors examined an early version and made suggestions: Harry Rodgers, a faculty colleague, and James Walther, a seminary professor. The students who used this material in classes also contributed their thoughts which improved the final product. To all of them, I owe appreciation.

The material included in this reference was collected from and cross-checked in grammars, dictionaries, syntax books, and lexical helps. The VAX computer at Grove City College, which contains the data base used in the *Analytical Greek New Testament*, edited by Barbara and Timothy Friberg (Grand Rapids, MI: Baker Book House, 1981), also aided research about the use of variant spellings for some paradigms. The books consulted for this project were:

Aland, Kurt, Matthew Black, Carlo M. Martini, Bruce M. Metzger, and Allen Wikgren, editors. *The Greek New Testament*, 3d edition. New York: American Bible Society, 1975.

The Analytical Greek Lexicon. New York: Harper & Brothers Publishers, no date.

Arndt, William F. and F. Wilbur Gingrich. *A Greek-English Lexicon of the New Testament and Other Early Christian Literature.* Chicago: The University of Chicago Press, 1957.

Boyer, James L. *A Manual of Greek Forms.* Indiana: BMH Books, 1972.

v

Brooks, James A. and Carlton L. Winbery. *Syntax of New Testament Greek.* Washington, DC: University Press of America, 1979.

Chamberlin, William Douglas. *An Exegetical Grammar of the Greek New Testament.* Grand Rapids, MI: Baker Book House, 1941.

Chapman, Benjamin. *New Testament Greek Notebook.* Grand Rapids, MI: Baker Book House, 1977.

Goodwin, William W. *A Greek Grammar.* New York: St. Martin's Press, 1894.

Holly, David. *A Complete Categorized Greek-English New Testament Vocabulary.* Grand Rapids, MI: Baker Book House, 1978.

Institute for New Testament Textual Research and the Computer Center of Münster University, editors. *Computer Concordance to the Novum Testamentum Graece of Nestle-Aland, 26th edition, and to the Greek New Testament, 3d edition.* New York: Walter de Gruyter, 1985.

Kubo, Sakae. *A Beginner's New Testament Greek Grammar.* Washington, DC: University Press of America, 1979.

Machen, J. Gresham. *New Testament Greek for Beginners.* New York: The Macmillan Company, 1951.

Metzger, Bruce M. *Lexical Aids for Students of New Testament Greek.* Princeton: Published by the author, 1969.

Morgenthaler, Robert. *Statistik des Neutestamentlichen Wortschatzes.* Zürich: Gotthelf Verlag, 1958.

Morrison, Clinton and David H. Barnes. *New Testament Word Lists for Rapid Reading of the Greek New Testament.* Grand Rapids, MI: William B. Eerdmans Publishing Company, 1966.

Mueller, Walter. *Grammatical Aids for Students of New Testament Greek.* Grand Rapids, MI: William B. Eerdmans Publishing Company, 1977.

Nunn, H. P. V. *A Short Syntax of New Testament Greek.* Cambridge: University Press, 1938.

Paine, Stephen W. *Beginning Greek: A Functional Approach.* New York: Oxford University Press, 1961.

Wenham, J. W. *The Elements of New Testament Greek.* Cambridge: Cambridge University Press, 1965.

PARADIGMS

The paradigms on the following pages provide the student of the Greek New Testament with an extensive collection of the forms commonly needed for reference. Most of the paradigm words used are words which appear with a high frequency in the Greek New Testament. A few forms are included, however, which do not actually appear in the Greek New Testament but are given here to complete some of the paradigms. Both the table of contents and the indices at the end of the book will aid in the finding of forms.

Abbreviations Used

nom	=	nominative	A	=	active	sing	=	singular
gen	=	genitive	M	=	middle	plu	=	plural
dat	=	dative	P	=	passive			
acc	=	accusative				pres	=	present
voc	=	vocative	ind	=	indicative	impf	=	imperfect
			subj	=	subjunctive	fut	=	future
masc	=	masculine	opt	=	optative	aor	=	aorist
fem	=	feminine	impv	=	imperative	perf	=	perfect
neut	=	neuter	inf	=	infinitive	plup	=	pluperfect
			ptcp	=	participle			

Contractions Chart

	α	ε	η	ο	ω	ει	οι	ου	η
α	α	α	α	ω	ω	ᾳ	ῳ	ω	ᾳ
ε	η	ει	η	ου	ω	ει	οι	ου	η
ο	ω	ου	ω	ου	ω	οι	οι	ου	οι

1. DEFINITE ARTICLE

		masc	fem	neut
sing	nom	ὁ	ἡ	τό
	gen	τοῦ	τῆς	τοῦ
	dat	τῷ	τῇ	τῷ
	acc	τόν	τήν	τό
plu	nom	οἱ	αἱ	τά
	gen	τῶν	τῶν	τῶν
	dat	τοῖς	ταῖς	τοῖς
	acc	τούς	τάς	τά

2. NOUNS *First Declension*

		fem	fem	fem	masc	masc
sing	nom	ζωή	ἡμέρα	δόξα	μαθητής	νεανίας
	gen	ζωῆς	ἡμέρας	δόξης	μαθητοῦ	νεανίου
	dat	ζωῇ	ἡμέρᾳ	δόξῃ	μαθητῇ	νεανίᾳ
	acc	ζωήν	ἡμέραν	δόξαν	μαθητήν	νεανίαν
	voc	ζωή	ἡμέρα	δόξα	μαθητά	νεανία
plu	nom	ζωαί	ἡμέραι	δόξαι	μαθηταί	νεανίαι
	gen	ζωῶν	ἡμερῶν	δοξῶν	μαθητῶν	νεανιῶν
	dat	ζωαῖς	ἡμέραις	δόξαις	μαθηταῖς	νεανίαις
	acc	ζωάς	ἡμέρας	δόξας	μαθητάς	νεανίας
	voc	ζωαί	ἡμέραι	δόξαι	μαθηταί	νεανίαι

3. NOUNS *Second Declension*

		masc	neut	fem	masc contract
sing	nom	ἄνθρωπος	ἔργον	ὁδός	νοῦς
	gen	ἀνθρώπου	ἔργου	ὁδοῦ	νοός (νοῦ)
	dat	ἀνθρώπῳ	ἔργῳ	ὁδῷ	νοΐ (νῷ)
	acc	ἄνθρωπον	ἔργον	ὁδόν	νοῦν
	voc	ἄνθρωπε	ἔργον	ὁδέ	νοῦ
plu	nom	ἄνθρωποι	ἔργα	ὁδοί	νοῖ
	gen	ἀνθρώπων	ἔργων	ὁδῶν	νῶν
	dat	ἀνθρώποις	ἔργοις	ὁδοῖς	νοῖς
	acc	ἀνθρώπους	ἔργα	ὁδούς	νοῦς
	voc	ἄνθρωποι	ἔργα	ὁδοί	νοῖ

4. NOUNS *Third Declension*

sing					
nom	αἰών	ἀνήρ	ἄρχων	βασιλεύς	γυνή
gen	αἰῶνος	ἀνδρός	ἄρχοντος	βασιλέως	γυναικός
dat	αἰῶνι	ἀνδρί	ἄρχοντι	βασιλεῖ	γυναικί
acc	αἰῶνα	ἄνδρα	ἄρχοντα	βασιλέα	γυναῖκα
voc	αἰών	ἄνερ	ἄρχων	βασιλεῦ	γύναι

plu					
nom	αἰῶνες	ἄνδρες	ἄρχοντες	βασιλεῖς	γυναῖκες
gen	αἰώνων	ἀνδρῶν	ἀρχόντων	βασιλέων	γυναικῶν
dat	αἰῶσι	ἀνδράσι	ἄρχουσι	βασιλεῦσι	γυναιξί
acc	αἰῶνας	ἄνδρας	ἄρχοντας	βασιλεῖς	γυναῖκας
voc	αἰῶνες	ἄνδρες	ἄρχοντες	βασιλεῖς	γυναῖκες

sing					
nom	ἔθνος	ἐλπίς	ἰχθύς	νύξ	πατήρ
gen	ἔθνους	ἐλπίδος	ἰχθύος	νυκτός	πατρός
dat	ἔθνει	ἐλπίδι	ἰχθύϊ	νυκτί	πατρί
acc	ἔθνος	ἐλπίδα	ἰχθύν	νύκτα	πατέρα
voc	ἔθνος	ἐλπί	ἰχθύ	νύξ	πάτερ

plu					
nom	ἔθνη	ἐλπίδες	ἰχθύες	νύκτες	πατέρες
gen	ἐθνῶν	ἐλπίδων	ἰχθύων	νυκτῶν	πατέρων
dat	ἔθνεσι	ἐλπίσι	ἰχθύσι	νυξί	πατράσι
acc	ἔθνη	ἐλπίδας	ἰχθύας	νύκτας	πατέρας
voc	ἔθνη	ἐλπίδες	ἰχθύες	νύκτες	πατέρες

sing					
nom	πνεῦμα	πόλις	σάρξ	σῶμα	χάρις
gen	πνεύματος	πόλεως	σαρκός	σώματος	χάριτος
dat	πνεύματι	πόλει	σαρκί	σώματι	χάριτι
acc	᾽ πνεῦμα	πόλιν	σάρκα	σῶμα	χάριν / χάριτα
voc	πνεῦμα	πόλι	σάρξ	σῶμα	χάρις

plu					
nom	πνεύματα	πόλεις	σάρκες	σώματα	χάριτες
gen	πνευμάτων	πόλεων	σαρκῶν	σωμάτων	χαρίτων
dat	πνεύμασι	πόλεσι	σαρξί	σώμασι	χάρισι
acc	πνεύματα	πόλεις	σάρκας	σώματα	χάριτας
voc	πνεύματα	πόλεις	σάρκες	σώματα	χάριτες

5. ADJECTIVES

		Three Forms: Second, First, Second Declension			Two Forms: Second Declension	
		masc	fem	neut	masc/fem	neut
sing	nom	ἀγαθός	ἀγαθή	ἀγαθόν	αἰώνιος	αἰώνιον
	gen	ἀγαθοῦ	ἀγαθῆς	ἀγαθοῦ	αἰωνίου	αἰωνίου
	dat	ἀγαθῷ	ἀγαθῇ	ἀγαθῷ	αἰωνίῳ	αἰωνίῳ
	acc	ἀγαθόν	ἀγαθήν	ἀγαθόν	αἰώνιον	αἰώνιον
	voc	ἀγαθέ	ἀγαθή	ἀγαθόν	αἰώνιε	αἰώνιον
plu	nom	ἀγαθοί	ἀγαθαί	ἀγαθά	αἰώνιοι	αἰώνια
	gen	ἀγαθῶν	ἀγαθῶν	ἀγαθῶν	αἰωνίων	αἰωνίων
	dat	ἀγαθοῖς	ἀγαθαῖς	ἀγαθοῖς	αἰωνίοις	αἰωνίοις
	acc	ἀγαθούς	ἀγαθάς	ἀγαθά	αἰωνίους	αἰώνια
	voc	ἀγαθοί	ἀγαθαί	ἀγαθά	αἰώνιοι	αἰώνια

6. ADJECTIVES Contract: Second, First, Second Declension

		masc	fem	neut
sing	nom	χρυσοῦς	χρυσῆ	χρυσοῦν
	gen	χρυσοῦ	χρυσῆς	χρυσοῦ
	dat	χρυσῷ	χρυσῇ	χρυσῷ
	acc	χρυσοῦν	χρυσῆν	χρυσοῦν
plu	nom	χρυσοῖ	χρυσαῖ	χρυσᾶ
	gen	χρυσῶν	χρυσῶν	χρυσῶν
	dat	χρυσοῖς	χρυσαῖς	χρυσοῖς
	acc	χρυσοῦς	χρυσᾶς	χρυσᾶ

7. ADJECTIVES Irregular

		masc	fem	neut	masc	fem	neut
sing	nom	μέγας	μεγάλη	μέγα	πολύς	πολλή	πολύ
	gen	μεγάλου	μεγάλης	μεγάλου	πολλοῦ	πολλῆς	πολλοῦ
	dat	μεγάλῳ	μεγάλη	μεγάλῳ	πολλῷ	πολλῇ	πολλῷ
	acc	μέγαν	μεγάλην	μέγα	πολύν	πολλήν	πολύ
	voc	μεγάλε	μεγάλη	μέγα			
plu	nom	μεγάλοι	μεγάλαι	μεγάλα	πολλοί	πολλαί	πολλά
	gen	μεγάλων	μεγάλων	μεγάλων	πολλῶν	πολλῶν	πολλῶν
	dat	μεγάλοις	μεγάλαις	μεγάλοις	πολλοῖς	πολλαῖς	πολλοῖς
	acc	μεγάλους	μεγάλας	μεγάλα	πολλούς	πολλάς	πολλά
	voc	μεγάλοι	μεγάλαι	μεγάλα			

8. ADJECTIVES

		Three Forms: Third, First, Third Declension			Two Forms: Third Declension	
		masc	fem	neut	masc/fem	neut
sing	nom	μέλας	μέλαινα	μέλαν	ἀληθής	ἀληθές
	gen	μέλανος	μελαίνης	μέλανος	ἀληθοῦς	ἀληθοῦς
	dat	μέλανι	μελαίνῃ	μέλανι	ἀληθεῖ	ἀληθεῖ
	acc	μέλανα	μέλαιναν	μέλαν	ἀληθῆ	ἀληθές
	voc	μέλαν	μέλαινα	μέλαν	ἀληθές	ἀληθές
plu	nom	μέλανες	μέλαιναι	μέλανα	ἀληθεῖς	ἀληθῆ
	gen	μελάνων	μελαινῶν	μελάνων	ἀληθῶν	ἀληθῶν
	dat	μέλασι	μελαίναις	μέλασι	ἀληθέσι	ἀληθέσι
	acc	μέλανας	μελαίνας	μέλανα	ἀληθεῖς	ἀληθῆ
	voc	μέλανες	μέλαιναι	μέλανα	ἀληθεῖς	ἀληθῆ

		masc	fem	neut	masc/fem	neut
sing	nom	πᾶς	πᾶσα	πᾶν	πλείων	πλεῖον
	gen	παντός	πάσης	παντός	πλείονος	πλείονος
	dat	παντί	πάσῃ	παντί	πλείονι	πλείονι
	acc	πάντα	πᾶσαν	πᾶν	πλείονα	πλεῖον
plu	nom	πάντες	πᾶσαι	πάντα	πλείονες πλείους	πλείονα πλείω
	gen	πάντων	πασῶν	πάντων	πλειόνων	πλειόνων
	dat	πᾶσι	πάσαις	πᾶσι	πλείοσι	πλείοσι
	acc	πάντας	πάσας	πάντα	πλείονας πλείους	πλείονα πλείω

9. ADJECTIVES Cardinal Numbers

	masc fem neut	masc/fem/neut	masc/fem	neut	masc/fem	neut
nom	εἷς μία ἕν	δύο	τρεῖς	τρία	τέσσαρες	τέσσαρα
gen	ἑνός μιᾶς ἑνός	δύο / δυοῖν	τριῶν	τριῶν	τεσσάρων	τεσσάρων
dat	ἑνί μιᾷ ἑνί	δυσί / δυοῖν	τρισί	τρισί	τέσσαρσι	τέσσαρσι
acc	ἕνα μίαν ἕν	δύο	τρεῖς	τρία	τέσσαρας	τέσσαρα

5

10. ADJECTIVES *Comparative and Superlative*
(declined according to the standard adjective declensions)

	positive	comparative	superlative
Regular	ἅγιος	ἁγιώτερος	ἁγιώτατος
Regular	ἡδύς	ἡδίων	ἥδιστος
Irregular	ἀγαθός	ἀμείνων	ἄριστος
		βελτίων	βέλτιστος
		κρείσσων	κράτιστος
	κακός	κακίων	κάκιστος
		χείρων	χείριστος
		ἥσσων	ἥκιστα (adverb only)
	καλός	καλλίων	κάλλιστος
	μέγας	μείζων	μέγιστος
	μικρός	ἐλάσσων	ἐλάχιστος
	πολύς	πλείων (πλέων)	πλεῖστος
	τάχα	τάχιον	τάχιστα

11. PRONOUNS *Personal*

		1st	2d	3d masc	3d fem	3d neut
sing	nom	ἐγώ	σύ	αὐτός	αὐτή	αὐτό
	gen	ἐμοῦ, μου	σοῦ, σου	αὐτοῦ	αὐτῆς	αὐτοῦ
	dat	ἐμοί, μοι	σοί, σοι	αὐτῷ	αὐτῇ	αὐτῷ
	acc	ἐμέ, με	σέ, σε	αὐτόν	αὐτήν	αὐτό
plu	nom	ἡμεῖς	ὑμεῖς	αὐτοί	αὐταί	αὐτά
	gen	ἡμῶν	ὑμῶν	αὐτῶν	αὐτῶν	αὐτῶν
	dat	ἡμῖν	ὑμῖν	αὐτοῖς	αὐταῖς	αὐτοῖς
	acc	ἡμᾶς	ὑμᾶς	αὐτούς	αὐτάς	αὐτά

12. PRONOUNS *Possessive*
(declined as the regular adjectives: second, first, second)

	first person	second person
sing nom	ἐμός, ἐμή, ἐμόν	σός, σή, σόν
plu nom	ἡμέτερος, ἡμέτερα, ἡμέτερον	ὑμέτερος, ὑμέτερα, ὑμέτερον

13. PRONOUNS

		Relative			*Indefinite Relative*	
	masc	fem	neut	masc	fem	neut
sing nom	ὅς	ἥ	ὅ	ὅστις	ἥτις	ὅ τι
gen	οὗ	ἧς	οὗ	οὗτινος	ἧστινος	οὗτινος
dat	ᾧ	ᾗ	ᾧ	ᾧτινι	ᾗτινι	ᾧτινι
acc	ὅν	ἥν	ὅ	ὅντινα	ἥντινα	ὅ τι
plu nom	οἵ	αἵ	ἅ	οἵτινες	αἵτινες	ἅτινα
gen	ὧν	ὧν	ὧν	ὧντινων	ὧντινων	ὧντινων
dat	οἷς	αἷς	οἷς	οἷστισι	αἷστισι	οἷστισι
acc	οὕς	ἅς	ἅ	οὕστινας	ἅστινας	ἅτινα

14. PRONOUNS *Demonstrative*

	masc	fem	neut	masc	fem	neut
sing nom	οὗτος	αὕτη	τοῦτο	ἐκεῖνος	ἐκείνη	ἐκεῖνο
gen	τούτου	ταύτης	τούτου	ἐκείνου	ἐκείνης	ἐκείνου
dat	τούτῳ	ταύτῃ	τούτῳ	ἐκείνῳ	ἐκείνη	ἐκείνῳ
acc	τοῦτον	ταύτην	τοῦτο	ἐκεῖνον	ἐκείνην	ἐκεῖνο
plu nom	οὗτοι	αὗται	ταῦτα	ἐκεῖνοι	ἐκεῖναι	ἐκεῖνα
gen	τούτων	τούτων	τούτων	ἐκείνων	ἐκείνων	ἐκείνων
dat	τούτοις	ταύταις	τούτοις	ἐκείνοις	ἐκείναις	ἐκείνοις
acc	τούτους	ταύτας	ταῦτα	ἐκείνους	ἐκείνας	ἐκεῖνα

	masc	fem	neut
sing nom	ὅδε	ἥδε	τόδε
gen	τοῦδε	τῆσδε	τοῦδε
dat	τῷδε	τῇδε	τῷδε
acc	τόνδε	τήνδε	τόδε
plu nom	οἵδε	αἵδε	τάδε
gen	τῶνδε	τῶνδε	τῶνδε
dat	τοῖσδε	ταῖσδε	τοῖσδε
acc	τούσδε	τάσδε	τάδε

15. **PRONOUNS** *Interrogative*   *Indefinite*

		masc/fem	neut	masc/fem	neut
sing	nom	τίς	τί	τις	τι
	gen	τίνος	τίνος	τινός	τινός
	dat	τίνι	τίνι	τινί	τινί
	acc	τίνα	τί	τινά	τι
plu	nom	τίνες	τίνα	τινές	τινά
	gen	τίνων	τίνων	τινῶν	τινῶν
	dat	τίσι	τίσι	τισί	τισί
	acc	τίνας	τίνα	τινάς	τινά

16. **PRONOUNS** *Reflexive Personal: 1st and 2d Person*

		1st masc	1st fem	2d masc	2d fem
sing	gen	ἐμαυτοῦ	ἐμαυτῆς	σεαυτοῦ	σεαυτῆς
	dat	ἐμαυτῷ	ἐμαυτῇ	σεαυτῷ	σεαυτῇ
	acc	ἐμαυτόν	ἐμαυτήν	σεαυτόν	σεαυτήν
plu	gen	ἑαυτῶν	ἑαυτῶν	ἑαυτῶν	ἑαυτῶν
	dat	ἑαυτοῖς	ἑαυταῖς	ἑαυτοῖς	ἑαυταῖς
	acc	ἑαυτούς	ἑαυτάς	ἑαυτούς	ἑαυτάς

17. **PRONOUNS** *Reflexive Personal: 3d Person*

		masc	fem	neut
sing	gen	ἑαυτοῦ	ἑαυτῆς	ἑαυτοῦ
	dat	ἑαυτῷ	ἑαυτῇ	ἑαυτῷ
	acc	ἑαυτόν	ἑαυτήν	ἑαυτό
plu	gen	ἑαυτῶν	ἑαυτῶν	ἑαυτῶν
	dat	ἑαυτοῖς	ἑαυταῖς	ἑαυτοῖς
	acc	ἑαυτούς	ἑαυτάς	ἑαυτά

18. **PRONOUNS** *Reciprocal*

		masc	fem	neut
plu	gen	ἀλλήλων	ἀλλήλων	ἀλλήλων
	dat	ἀλλήλοις	ἀλλήλαις	ἀλλήλοις
	acc	ἀλλήλους	ἀλλήλας	ἄλληλα

8

19. **PARTICIPLES** *Active Present of* εἰμί

		masc	fem	neut
sing	nom	ὤν	οὖσα	ὄν
	gen	ὄντος	οὔσης	ὄντος
	dat	ὄντι	οὔσῃ	ὄντι
	acc	ὄντα	οὖσαν	ὄν
plu	nom	ὄντες	οὖσαι	ὄντα
	gen	ὄντων	οὐσῶν	ὄντων
	dat	οὖσι	οὔσαις	οὖσι
	acc	ὄντας	οὔσας	ὄντα

20. **PARTICIPLES** *Active Present of* λύω

		masc	fem	neut
sing	nom	λύων	λύουσα	λῦον
	gen	λύοντος	λυούσης	λύοντος
	dat	λύοντι	λυούσῃ	λύοντι
	acc	λύοντα	λύουσαν	λῦον
plu	nom	λύοντες	λύουσαι	λύοντα
	gen	λυόντων	λυουσῶν	λυόντων
	dat	λύουσι	λυούσαις	λύουσι
	acc	λύοντας	λυούσας	λύοντα

21. **PARTICIPLES** *Active Future of* λύω

		masc	fem	neut
sing	nom	λύσων	λύσουσα	λῦσον
	gen	λύσοντος	λυσούσης	λύσοντος
	dat	λύσοντι	λυσούσῃ	λύσοντι
	acc	λύσοντα	λύσουσαν	λῦσον
plu	nom	λύσοντες	λύσουσαι	λύσοντα
	gen	λυσόντων	λυσουσῶν	λυσόντων
	dat	λύσουσι	λυσούσαις	λύσουσι
	acc	λύσοντας	λυσούσας	λύσοντα

22. **PARTICIPLES** *Active Aorist of* λύω

		masc	fem	neut
sing	nom	λύσας	λύσασα	λῦσαν
	gen	λύσαντος	λυσάσης	λύσαντος
	dat	λύσαντι	λυσάσῃ	λύσαντι
	acc	λύσαντα	λύσασαν	λῦσαν
plu	nom	λύσαντες	λύσασαι	λύσαντα
	gen	λυσάντων	λυσασῶν	λυσάντων
	dat	λύσασι	λυσάσαις	λύσασι
	acc	λύσαντας	λυσάσας	λύσαντα

23. **PARTICIPLES** *Active Perfect of* λύω

		masc	fem	neut
sing	nom	λελυκώς	λελυκυῖα	λελυκός
	gen	λελυκότος	λελυκυίας	λελυκότος
	dat	λελυκότι	λελυκυίᾳ	λελυκότι
	acc	λελυκότα	λελυκυῖαν	λελυκός
plu	nom	λελυκότες	λελυκυῖαι	λελυκότα
	gen	λελυκότων	λελυκυιῶν	λελυκότων
	dat	λελυκόσι	λελυκυίαις	λελυκόσι
	acc	λελυκότας	λελυκυίας	λελυκότα

24. **PARTICIPLES** *Middle and Passive Present of* λύω

		masc	fem	neut
sing	nom	λυόμενος	λυομένη	λυόμενον
	gen	λυομένου	λυομένης	λυομένου
	dat	λυομένῳ	λυομένῃ	λυομένῳ
	acc	λυόμενον	λυομένην	λυόμενον
plu	nom	λυόμενοι	λυόμεναι	λυόμενα
	gen	λυομένων	λυομένων	λυομένων
	dat	λυομένοις	λυομέναις	λυομένοις
	acc	λυομένους	λυομένας	λυόμενα

25. PARTICIPLES Middle Future of λύω

		masc	fem	neut
sing	nom	λυσόμενος	λυσομένη	λυσόμενον
	gen	λυσομένου	λυσομένης	λυσομένου
	dat	λυσομένῳ	λυσομένῃ	λυσομένῳ
	acc	λυσόμενον	λυσομένην	λυσόμενον
plu	nom	λυσόμενοι	λυσόμεναι	λυσόμενα
	gen	λυσομένων	λυσομένων	λυσομένων
	dat	λυσομένοις	λυσομέναις	λυσομένοις
	acc	λυσομένους	λυσομένας	λυσόμενα

26. PARTICIPLES Middle Aorist of λύω

		masc	fem	neut
sing	nom	λυσάμενος	λυσαμένη	λυσάμενον
	gen	λυσαμένου	λυσαμένης	λυσαμένου
	dat	λυσαμένῳ	λυσαμένῃ	λυσαμένῳ
	acc	λυσάμενον	λυσαμένην	λυσάμενον
plu	nom	λυσάμενοι	λυσάμεναι	λυσάμενα
	gen	λυσαμένων	λυσαμένων	λυσαμένων
	dat	λυσαμένοις	λυσαμέναις	λυσαμένοις
	acc	λυσαμένους	λυσαμένας	λυσάμενα

27. PARTICIPLES Middle and Passive Perfect of λύω

		masc	fem	neut
sing	nom	λελυμένος	λελυμένη	λελυμένον
	gen	λελυμένου	λελυμένης	λελυμένου
	dat	λελυμένῳ	λελυμένῃ	λελυμένῳ
	acc	λελυμένον	λελυμένην	λελυμένον
plu	nom	λελυμένοι	λελυμέναι	λελυμένα
	gen	λελυμένων	λελυμένων	λελυμένων
	dat	λελυμένοις	λελυμέναις	λελυμένοις
	acc	λελυμένους	λελυμένας	λελυμένα

28. PARTICIPLES *Passive Future of* λύω

		masc	fem	neut
sing	nom	λυθησόμενος	λυθησομένη	λυθησόμενον
	gen	λυθησομένου	λυθησομένης	λυθησομένου
	dat	λυθησομένῳ	λυθησομένη	λυθησομένῳ
	acc	λυθησόμενον	λυθησομένην	λυθησόμενον
plu	nom	λυθησόμενοι	λυθησόμεναι	λυθησόμενα
	gen	λυθησομένων	λυθησομένων	λυθησομένων
	dat	λυθησομένοις	λυθησομέναις	λυθησομένοις
	acc	λυθησομένους	λυθησομένας	λυθησόμενα

29. PARTICIPLES *Passive Aorist of* λύω

		masc	fem	neut
sing	nom	λυθείς	λυθεῖσα	λυθέν
	gen	λυθέντος	λυθείσης	λυθέντος
	dat	λυθέντι	λυθείσῃ	λυθέντι
	acc	λυθέντα	λυθεῖσαν	λυθέν
plu	nom	λυθέντες	λυθεῖσαι	λυθέντα
	gen	λυθέντων	λυθεισῶν	λυθέντων
	dat	λυθεῖσι	λυθείσαις	λυθεῖσι
	acc	λυθέντας	λυθείσας	λυθέντα

30. PARTICIPLES Active Present of Alpha-Contract: ἀγαπάω

	masc	fem	neut
sing nom	ἀγαπῶν	ἀγαπῶσα	ἀγαπῶν
gen	ἀγαπῶντος	ἀγαπώσης	ἀγαπῶντος
dat	ἀγαπῶντι	ἀγαπώσῃ	ἀγαπῶντι
acc	ἀγαπῶντα	ἀγαπῶσαν	ἀγαπῶν
plu nom	ἀγαπῶντες	ἀγαπῶσαι	ἀγαπῶντα
gen	ἀγαπώντων	ἀγαπωσῶν	ἀγαπώντων
dat	ἀγαπῶσι	ἀγαπώσαις	ἀγαπῶσι
acc	ἀγαπῶντας	ἀγαπώσας	ἀγαπῶντα

31. PARTICIPLES Active Present of Epsilon-Contract: ποιέω

	masc	fem	neut
sing nom	ποιῶν	ποιοῦσα	ποιοῦν
gen	ποιοῦντος	ποιούσης	ποιοῦντος
dat	ποιοῦντι	ποιούσῃ	ποιοῦντι
acc	ποιοῦντα	ποιοῦσαν	ποιοῦν
plu nom	ποιοῦντες	ποιοῦσαι	ποιοῦντα
gen	ποιούντων	ποιουσῶν	ποιούντων
dat	ποιοῦσι	ποιούσαις	ποιοῦσι
acc	ποιοῦντας	ποιούσας	ποιοῦντα

32. PARTICIPLES Active Present of Omicron-Contract: πληρόω

	masc	fem	neut
sing nom	πληρῶν	πληροῦσα	πληροῦν
gen	πληροῦντος	πληρούσης	πληροῦντος
dat	πληροῦντι	πληρούσῃ	πληροῦντι
acc	πληροῦντα	πληροῦσαν	πληροῦν
plu nom	πληροῦντες	πληροῦσαι	πληροῦντα
gen	πληρούντων	πληρουσῶν	πληρούντων
dat	πληροῦσι	πληρούσαις	πληροῦσι
acc	πληροῦντας	πληρούσας	πληροῦντα

33. VERBS *Active of* λύω

	pres	impf	fut	aor	perf	plup
indicative						
sing 1st	λύω	ἔλυον	λύσω	ἔλυσα	λέλυκα	ἐλελύκη
2d	λύεις	ἔλυες	λύσεις	ἔλυσας	λέλυκας	ἐλελύκης
3d	λύει	ἔλυε	λύσει	ἔλυσε	λέλυκε	ἐλελύκει
plu 1st	λύομεν	ἐλύομεν	λύσομεν	ἐλύσαμεν	λελύκαμεν	ἐλελύκεμεν
2d	λύετε	ἐλύετε	λύσετε	ἐλύσατε	λελύκατε	ἐλελύκετε
3d	λύουσι	ἔλυον	λύσουσι	ἔλυσαν	λελύκασι	ἐλελύκεσαν

subjunctive

sing 1st	λύω		λύσω	λελύκω	
2d	λύῃς		λύσῃς	λελύκῃς	
3d	λύῃ		λύσῃ	λελύκῃ	
plu 1st	λύωμεν		λύσωμεν	λελύκωμεν	
2d	λύητε		λύσητε	λελύκητε	
3d	λύωσι		λύσωσι	λελύκωσι	

optative

sing 1st	λύοιμι	λύσοιμι	λύσαιμι	λελύκοιμι	
2d	λύοις	λύσοις	λύσαις	λελύκοις	
3d	λύοι	λύσοι	λύσαι	λελύκοι	
plu 1st	λύοιμεν	λύσοιμεν	λύσαιμεν	λελύκοιμεν	
2d	λύοιτε	λύσοιτε	λύσαιτε	λελύκοιτε	
3d	λύοιεν	λύσοιεν	λύσαιεν	λελύκοιεν	

imperative

sing 2d	λῦε		λῦσον	λέλυκε
3d	λυέτω		λυσάτω	λελυκέτω
plu 2d	λύετε		λύσατε	λελύκετε
3d	λυόντων		λυσάντων	λελυκέτωσαν
	λυέτωσαν		λυσάτωσαν	

infinitive λύειν   λύσειν   λῦσαι   λελυκέναι

participles (for participle declension, see paradigms 20, 21, 22, 23)

λύων,	λύσων,	λύσας,	λελυκώς,
λύουσα,	λύσουσα,	λύσασα,	λελυκυῖα,
λῦον	λῦσον	λῦσαν	λελυκός

34. VERBS *Middle of* λύω

	pres	impf	fut	aor	perf	plup
indicative						
sing 1st	λύομαι	ἐλυόμην	λύσομαι	ἐλυσάμην	λέλυμαι	ἐλελύμην
2d	λύει / λύῃ	ἐλύου	λύσει / λύσῃ	ἐλύσω	λέλυσαι	ἐλέλυσο
3d	λύεται	ἐλύετο	λύσεται	ἐλύσατο	λέλυται	ἐλέλυτο
plu 1st	λυόμεθα	ἐλυόμεθα	λυσόμεθα	ἐλυσάμεθα	λελύμεθα	ἐλελύμεθα
2d	λύεσθε	ἐλύεσθε	λύσεσθε	ἐλύσασθε	λέλυσθε	ἐλέλυσθε
3d	λύονται	ἐλύοντο	λύσονται	ἐλύσαντο	λέλυνται	ἐλέλυντο

subjunctive			
sing 1st	λύωμαι	λύσωμαι	λελυμένος ὦ
2d	λύῃ	λύσῃ	λελυμένος ᾖς
3d	λύηται	λύσηται	λελυμένος ᾖ
plu 1st	λυώμεθα	λυσώμεθα	λελυμένοι ὦμεν
2d	λύησθε	λύσησθε	λελυμένοι ἦτε
3d	λύωνται	λύσωνται	λελυμένοι ὦσι

optative				
sing 1st	λυοίμην	λυσοίμην	λυσαίμην	λελυμένος εἴην
2d	λύοιο	λύσοιο	λύσαιο	λελυμένος εἴης
3d	λύοιτο	λύσοιτο	λύσαιτο	λελυμένος εἴη
plu 1st	λυοίμεθα	λυσοίμεθα	λυσαίμεθα	λελυμένοι εἶμεν
2d	λύοισθε	λύσοισθε	λύσαισθε	λελυμένοι εἶτε
3d	λύοιντο	λύσοιντο	λύσαιντο	λελυμένοι εἶεν

imperative			
sing 2d	λύου	λῦσαι	λέλυσο
3d	λυέσθω	λυσάσθω	λελύσθω
plu 2d	λύεσθε	λύσασθε	λέλυσθε
3d	λυέσθων	λυσάσθων	λελύσθων
	λυέσθωσαν	λυσάσθωσαν	λελύσθωσαν

infinitive λύεσθαι   λύσεσθαι   λύσασθαι   λελύσθαι

participles (for participle declension, see paradigms 24, 25, 26, 27)

λυόμενος,	λυσόμενος,	λυσάμενος,	λελυμένος,
λυομένη,	λυσομένη,	λυσαμένη,	λελυμένη,
λυόμενον	λυσόμενον	λυσάμενον	λελυμένον

15

35. VERBS *Passive of* λύω

	pres	impf	fut	aor	perf	plup
indicative						
sing 1st	λύομαι	ἐλυόμην	λυθήσομαι	ἐλύθην	λέλιμαι	ἐλελύμην
2d	λύει / λύη	ἐλύου	λυθήσει / λυθήση	ἐλύθης	λέλυσαι	ἐλέλυσο
3d	λύεται	ἐλύετο	λυθήσεται	ἐλύθη	λέλυται	ἐλέλυτο
plu 1st	λυόμεθα	ἐλυόμεθα	λυθησόμεθα	ἐλύθημεν	λελύμεθα	ἐλελύμεθα
2d	λύεσθε	ἐλύεσθε	λυθήσεσθε	ἐλύθητε	λέλυσθε	ἐλέλυσθε
3d	λύονται	ἐλύοντο	λυθήσονται	ἐλύθησαν	λέλυνται	ἐλέλυντο

subjunctive					
sing 1st	λύωμαι			λυθῶ	λελυμένος ὦ
2d	λύη			λυθῆς	λελυμένος ἦς
3d	λύηται			λυθῇ	λελυμένος ἦ
plu 1st	λυώμεθα			λυθῶμεν	λελυμένοι ὦμεν
2d	λύησθε			λυθῆτε	λελυμένοι ἦτε
3d	λύωνται			λυθῶσι	λελυμένοι ὦσι

optative					
sing 1st	λυοίμην		λυθησοίμην	λυθείην	λελυμένος εἴην
2d	λύοιο		λυθήσοιο	λυθείης	λελυμένος εἴης
3d	λύοιτο		λυθήσοιτο	λυθείη	λελυμένος εἴη
plu 1st	λυοίμεθα		λυθησοίμεθα	λυθείημεν	λελυμένοι εἶμεν
2d	λύοισθε		λυθήσοισθε	λυθείητε	λελυμένοι εἶτε
3d	λύοιντο		λυθήσοιντο	λυθείησαν	λελυμένοι εἶεν

imperative				
sing 2d	λύου		λύθητι	λέλυσο
3d	λυέσθω		λυθήτω	λελύσθω
plu 2d	λύεσθε		λύθητε	λέλυσθε
3d	λυέσθων λυέσθωσαν		λυθέντων λυθήτωσαν	λελύσθων λελύσθωσαν

infinitive λύεσθαι   λυθήσεσθαι   λυθῆναι   λελύσθαι

participles (for participle declension, see paradigms 24, 27, 28, 29)

λυόμενος,	λυθησόμενος,	λυθείς,	λελυμένος,
λυομένη,	λυθησομένη,	λυθεῖσα,	λελυμένη,
λυόμενον	λυθησόμενον	λυθέν	λελυμένον

36. VERBS *Aorist (2d) of* λείπω

	A aor	M aor
indicative		
sing 1st	ἔλιπον	ἐλιπόμην
2d	ἔλιπες	ἐλίπου
3d	ἔλιπε	ἐλίπετο
plu 1st	ἐλίπομεν	ἐλιπόμεθα
2d	ἐλίπετε	ἐλίπεσθε
3d	ἔλιπον	ἐλίποντο
subjunctive		
sing 1st	λίπω	λίπωμαι
2d	λίπῃς	λίπῃ
3d	λίπῃ	λίπηται
plu 1st	λίπωμεν	λιπώμεθα
2d	λίπητc	λίπησθε
3d	λίπωσι	λίπωνται
optative		
sing 1st	λίποιμι	λιποίμην
2d	λίποις	λίποιο
3d	λίποι	λίποιτο
plu 1st	λίποιμεν	λιποίμεθα
2d	λίποιτε	λίποισθε
3d	λίποιεν	λίποιντο
imperative		
sing 2d	λίπε	λιποῦ
3d	λιπέτω	λιπέσθω
plu 2d	λίπετε	λίπεσθε
3d	λιπόντων	λιπέσθων
	λιπέτωσαν	λιπέσθωσαν
infinitive	λιπεῖν	λιπέσθαι

participles (for participle declension, see paradigms 20, 24)

λιπών,	λιπόμενος,
λιποῦσα,	λιπομένη,
λιπόν	λιπόμενον

17

37. VERBS *Alpha-Contract:* ἀγαπάω

	A pres	A impf	M,P pres	M,P impf
indicative				
sing 1st	ἀγαπῶ	ἠγάπων	ἀγαπῶμαι	ἠγαπώμην
2d	ἀγαπᾷς	ἠγάπας	ἀγαπᾷ	ἠγαπῶ
3d	ἀγαπᾷ	ἠγάπα	ἀγαπᾶται	ἠγαπᾶτο
plu 1st	ἀγαπῶμεν	ἠγαπῶμεν	ἀγαπώμεθα	ἠγαπώμεθα
2d	ἀγαπᾶτε	ἠγαπᾶτε	ἀγαπᾶσθε	ἠγαπᾶσθε
3d	ἀγαπῶσι	ἠγάπων	ἀγαπῶνται	ἠγαπῶντο
subjunctive				
sing 1st	ἀγαπῶ		ἀγαπῶμαι	
2d	ἀγαπᾷς		ἀγαπᾷ	
3d	ἀγαπᾷ		ἀγαπᾶται	
plu 1st	ἀγαπῶμεν		ἀγαπώμεθα	
2d	ἀγαπᾶτε		ἀγαπᾶσθε	
3d	ἀγαπῶσι		ἀγαπῶνται	
optative				
sing 1st	ἀγαπῷμι		ἀγαπῴμην	
2d	ἀγαπῷς		ἀγαπῷο	
3d	ἀγαπῷ		ἀγαπῷτο	
plu 1st	ἀγαπῷμεν		ἀγαπῴμεθα	
2d	ἀγαπῷτε		ἀγαπῷσθε	
3d	ἀγαπῷεν		ἀγαπῷντο	
imperative				
sing 2d	ἀγάπα		ἀγαπῶ	
3d	ἀγαπάτω		ἀγαπάσθω	
plu 2d	ἀγαπᾶτε		ἀγαπᾶσθε	
3d	ἀγαπώντων		ἀγαπάσθων	
	ἀγαπάτωσαν		ἀγαπάσθωσαν	
infinitive	ἀγαπᾶν		ἀγαπᾶσθαι	

participles (for participle declension, see paradigms 24, 30)

ἀγαπῶν,		ἀγαπώμενος,
ἀγαπῶσα,		ἀγαπωμένη,
ἀγαπῶν		ἀγαπώμενον

38. VERBS *Epsilon-Contract:* ποιέω

	A pres	A impf	M,P pres	M,P impf
indicative				
sing 1st	ποιῶ	ἐποίουν	ποιοῦμαι	ἐποιούμην
2d	ποιεῖς	ἐποίεις	ποιεῖ / ποιῇ	ἐποιοῦ
3d	ποιεῖ	ἐποίει	ποιεῖται	ἐποιεῖτο
plu 1st	ποιοῦμεν	ἐποιοῦμεν	ποιούμεθα	ἐποιούμεθα
2d	ποιεῖτε	ἐποιεῖτε	ποιεῖσθε	ἐποιεῖσθε
3d	ποιοῦσι	ἐποίουν	ποιοῦνται	ἐποιοῦντο
subjunctive				
sing 1st	ποιῶ		ποιῶμαι	
2d	ποιῇς		ποιῇ	
3d	ποιῇ		ποιῆται	
plu 1st	ποιῶμεν		ποιώμεθα	
2d	ποιῆτε		ποιῆσθε	
3d	ποιῶσι		ποιῶνται	
optative				
sing 1st	ποιοῖμι		ποιοίμην	
2d	ποιοῖς		ποιοῖο	
3d	ποιοῖ		ποιοῖτο	
plu 1st	ποιοῖμεν		ποιοίμεθα	
2d	ποιοῖτε		ποιοῖσθε	
3d	ποιοῖεν		ποιοῖντο	
imperative				
sing 2d	ποίει		ποιοῦ	
3d	ποιείτω		ποιείσθω	
plu 2d	ποιεῖτε		ποιεῖσθε	
3d	ποιούντων		ποιείσθων	
	ποείτωσαν		ποιείσθωσαν	
infinitive	ποιεῖν		ποιεῖσθαι	

participles (for participle declension, see paradigms 24, 31)

ποιῶν,	ποιούμενος,
ποιοῦσα,	ποιουμένη,
ποιοῦν	ποιούμενον

39. VERBS Omicron-Contract: πληρόω

	A pres	A impf	M,P pres	M,P impf
indicative				
sing 1st	πληρῶ	ἐπλήρουν	πληροῦμαι	ἐπληρούμην
2d	πληροῖς	ἐπλήρους	πληροῖ	ἐπληροῦ
3d	πληροῖ	ἐπλήρου	πληροῦται	ἐπληροῦτο
plu 1st	πληροῦμεν	ἐπληροῦμεν	πληρούμεθα	ἐπληρούμεθα
2d	πληροῦτε	ἐπληροῦτε	πληροῦσθε	ἐπληροῦσθε
3d	πληροῦσι	ἐπλήρουν	πληροῦνται	ἐπληροῦντο
subjunctive				
sing 1st	πληρῶ		πληρῶμαι	
2d	πληροῖς		πληροῖ	
3d	πληροῖ		πληρῶται	
plu 1st	πληρῶμεν		πληρώμεθα	
2d	πληρῶτε		πληρῶσθε	
3d	πληρῶσι		πληρῶνται	
optative				
sing 1st	πληροῖμι		πληροίμην	
2d	πληροῖς		πληροῖο	
3d	πληροῖ		πληροῖτο	
plu 1st	πληροῖμεν		πληροίμεθα	
2d	πληροῖτε		πληροῖσθε	
3d	πληροῖεν		πληροῖντο	
imperative				
sing 2d	πλήρου		πληροῦ	
3d	πληρούτω		πληρούσθω	
plu 2d	πληροῦτε		πληροῦσθε	
3d	πληρούντων		πληρούσθων	
	πληρούτωσαν		πληρούσθωσαν	
infinitive	πληροῦν		πληροῦσθαι	

participles (for participle declension, see paradigms 24, 32)

πληρῶν,   πληρούμενος,
πληροῦσα,   πληρουμένη,
πληροῦν   πληρούμενον

40. VERBS εἰμί *(to be)*

		A pres	A impf	M fut
indicative				
sing	**1st**	εἰμί	ἤμην / ἦν	ἔσομαι
	2d	εἶ	ἦσθα / ἦς	ἔσει / ἔση
	3d	ἐστί	ἦν	ἔσται
plu	**1st**	ἐσμέν	ἦμεν / ἤμεθα	ἐσόμεθα
	2d	ἐστέ	ἦτε	ἔσεσθε
	3d	εἰσί	ἦσαν	ἔσονται

subjunctive				
sing	**1st**	ὦ		
	2d	ἦς		
	3d	ἦ		
plu	**1st**	ὦμεν		
	2d	ἦτε		
	3d	ὦσι		

optative				
sing	**1st**	εἴην		ἐσοίμην
	2d	εἴης		ἔσοιο
	3d	εἴη		ἔσοιτο
plu	**1st**	εἶμεν		ἐσοίμεθα
	2d	εἶτε		ἔσοισθε
	3d	εἶεν		ἔσοιντο

imperative				
sing	**2d**	ἴσθι		
	3d	ἔστω		
plu	**2d**	ἔστε		
	3d	ἔστων		
		ἔστωσαν		

infinitive		εἶναι		ἔσεσθαι

participles (for participle declension, see paradigms 19, 25)

ὤν,	ἐσόμενος,
οὖσα,	ἐσομένη,
ὄν	ἐσόμενον

41. VERBS *Perfect (2d) and Pluperfect of* πείθω *(τ - mute)*

	A perf	A plup	M,P perf	M,P plup
indicative				
sing 1st	πέποιθα	ἐπεποίθειν	πέπεισμαι	ἐπεπείσμην
2d	πέποιθας	ἐπεποίθεις	πέπεισαι	ἐπέπεισο
3d	πέποιθε	ἐπεποίθει	πέπεισται	ἐπέπειστο
plu 1st	πεποίθαμεν	ἐπεποίθειμεν	πεπείσμεθα	ἐπεπείσμεθα
2d	πεποίθατε	ἐπεποίθειτε	πέπεισθε	ἐπέπεισθε
3d	πεποίθασι	ἐπεποίθεισαν	πεπεισμένοι εἰσί	πεπεισμένοι ἦσαν

subjunctive
sing 1st
    2d
    3d

plu 1st
    2d
    3d

optative
sing 1st
    2d
    3d

plu 1st
    2d
    3d

imperative
sing 2d
    3d

plu 2d
    3d

infinitive πεποιθέναι   πεπεῖσθαι

participles (for participle declension, see paradigms 23, 27)

πεποιθώς,	πεπεισμένος,
πεποιθυῖα,	πεπεισμένη,
πεποιθός	πεπεισμένον

42. VERBS *Perfect (2d), Pluperfect, and Aorist (2d) of* γράφω (π - mute)

	A perf	M,P perf	M,P plup	P aor
indicative				
sing 1st	γέγραφα	γέγραμμαι	ἐγεγράμμην	ἐγράφην
2d	γέγραφας	γέγραψαι	ἐγέγραψο	ἐγράφης
3d	γέγραφε	γέγραπται	ἐγέγραπτο	ἐγράφη
plu 1st	γεγράφαμεν	γεγράμμεθα	ἐγεγράμμεθα	ἐγράφημεν
2d	γεγράφατε	γέγραφθε	ἐγέγραφθε	ἐγράφητε
3d	γεγράφασι	γεγραμμένοι εἰσί	γεγραμμένοι ἦσαν	ἐγράφησαν

subjunctive

sing 1st				γραφῶ
2d				γραφῇς
3d				γραφῇ
plu 1st				γραφῶμεν
2d				γραφῆτε
3d				γραφῶσι

optative

sing 1st
  2d
  3d

plu 1st
  2d
  3d

imperative

sing 2d				γράφηθι
3d				γραφήτω
plu 2d				γράφητε
3d				γραφήτωσαν

infinitive	γεγραφέναι	γεγράφθαι		γραφῆναι

participles (for participle declension, see paradigms 23, 27, 29)

	γεγραφώς,	γεγραμμένος,	γραφείς,
	γεγραφυῖα,	γεγραμμένη,	γραφεῖσα,
	γεγραφός	γεγραμμένον	γραφέν

43. VERBS *Perfect and Pluperfect of* τάσσω *(κ - mute)*

	M,P perf	M,P plup
indicative		
sing 1st	τέταγμαι	ἐτετάγμην
2d	τέταξαι	ἐτέταξο
3d	τέτακται	ἐτέτακτο
plu 1st	τετάγμεθα	ἐτετάγμεθα
2d	τέταχθε	ἐτέταχθε
3d	τεταγμένοι εἰσί	τεταγμένοι ἦσαν

subjunctive
sing 1st
2d
3d

plu 1st
2d
3d

optative
sing 1st
2d
3d

plu 1st
2d
3d

imperative
sing 2d
3d

plu 2d
3d

infinitive   τετάχθαι

participles (for participle declension, see paradigm 27)
    τεταγμένος,
    τεταγμένη,
    τεταγμένον

44. VERBS *Aorist, Perfect, and Pluperfect of* ἄγω *(κ - mute)*

	A aor	A perf	A plup	M,P perf	M,P plup
indicative					
sing 1st	ἤγαγον	ἦχα	ἤχη	ἦγμαι	ἤγμην
2d	ἤγαγες	ἦχας	ἤχης	ἦξαι	ἦξο
3d	ἤγαγε	ἦχε	ἤχει	ἦκται	ἦκτο
plu 1st	ἠγάγομεν	ἤχαμεν	ἤχεμεν	ἤγμεθα	ἤγμεθα
2d	ἠγάγετε	ἤχατε	ἤχετε	ἦχθε	ἦχθε
3d	ἤγαγον	ἤχασι	ἤχεσαν	ἠγμένοι εἰσί	ἠγμένοι ἦσαν

subjunctive

	A aor	A perf
sing 1st	ἀγάγω	ἤχω
2d	ἀγάγῃς	ἤχῃς
3d	ἀγάγῃ	ἤχῃ
plu 1st	ἀγάγωμεν	ἤχωμεν
2d	ἀγάγητε	ἤχητε
3d	ἀγάγωσι	ἤχωσι

optative

sing 1st
    2d
    3d

plu 1st
    2d
    3d

imperative

sing 2d   ἄγαγε
    3d   ἀγαγέτω

plu 2d   ἀγάγετε
    3d   ἀγαγόντων

infinitive ἀγαγεῖν   ἠχέναι   ἦχθαι

participles (for participle declension, see paradigms 21, 23, 27)

     ἀγαγών,   ἠχώς,   ἠγμένος,
     ἀγαγοῦσα,   ἠχυῖα,   ἠγμένη,
     ἀγαγόν   ἠχός   ἠγμένον

45. VERBS *Future and Aorist of* κρίνω *(liquid)*

	A fut	A aor	M fut	M aor
indicative				
sing 1st	κρινῶ	ἔκρινα	κρινοῦμαι	ἐκρινάμην
2d	κρινεῖς	ἔκρινας	κρινῇ	ἐκρίνω
3d	κρινεῖ	ἔκρινε	κρινεῖται	ἐκρίνατο
plu 1st	κρινοῦμεν	ἐκρίναμεν	κρινούμεθα	ἐκρινάμεθα
2d	κρινεῖτε	ἐκρίνατε	κρινεῖσθε	ἐκρίνασθε
3d	κρινοῦσι	ἔκριναν	κρινοῦνται	ἐκρίναντο
subjunctive				
sing 1st		κρίνω		κρίνωμαι
2d		κρίνῃς		κρίνῃ
3d		κρίνῃ		κρίνηται
plu 1st		κρίνωμεν		κρινώμεθα
2d		κρίνητε		κρίνησθε
3d		κρίνωσι		κρίνωνται
optative				
sing 1st				
2d				
3d				
plu 1st				
2d				
3d				
imperative				
sing 2d		κρῖνον		κρῖναι
3d		κρινάτω		κρινάσθω
plu 2d		κρίνατε		κρίνασθε
3d		κρινάτωσαν		κρινάσθωσαν
infinitive	κρινεῖν	κρῖναι	κρινεῖσθαι	κρίνασθαι

participles (for participle declension, see paradigms 20, 22, 25, 26)

κρινῶν,	κρίνας,	κρινούμενος,	κρινάμενος,
κρινοῦσα,	κρίνασα,	κρινουμένη,	κριναμένη,
κρινοῦν	κρῖναν	κρινούμενον	κρινάμενον

46. VERBS *Aorist of* γινώσκω *and Aorist of* βαίνω

		A aor	A aor
indicative			
sing	1st	ἔγνων	ἔβην
	2d	ἔγνως	ἔβης
	3d	ἔγνω	ἔβη
plu	1st	ἔγνωμεν	ἔβημεν
	2d	ἔγνωτε	ἔβητε
	3d	ἔγνωσαν	ἔβησαν
subjunctive			
sing	1st	γνῶ	βῶ
	2d	γνῷς	βῇς
	3d	γνῷ	βῇ
plu	1st	γνῶμεν	βῶμεν
	2d	γνῶτε	βῆτε
	3d	γνῶσι	βῶσι
optative			
sing	1st	γνοίην	βαίην
	2d	γνοίης	βαίης
	3d	γνοίη	βαίη
plu	1st	γνοῖμεν	βαῖμεν
	2d	γνοῖτε	βαῖτε
	3d	γνοῖεν	βαῖεν
imperative			
sing	2d	γνῶθι	βῆθι
	3d	γνώτω	βήτω
plu	2d	γνῶτε	βῆτε
	3d	γνόντων	βάντων
		γνώτωσαν	βήτωσαν
infinitive		γνῶναι	βῆναι

participles (for participle declension, see paradigms 20, 22)

γνούς,	βάς,
γνοῦσα,	βᾶσα,
γνόν	βάν

27

47. VERBS *Perfect and Pluperfect of* οἶδα

		A perf	A plup
indicative			
sing	1st	οἶδα	ᾔδειν / ᾔδη
	2d	οἶσθα	ᾔδεις / ᾔδησθα
	3d	οἶδε	ᾔδει
plu	1st	οἴδαμεν / ἴσμεν	ᾔδειμεν / ᾖσμεν
	2d	οἴδατε / ἴστε	ᾔδειτε / ᾖστε
	3d	οἴδασι / ἴσασι	ᾔδεισαν / ᾖσαν
subjunctive			
sing	1st	εἰδῶ	
	2d	εἰδῇς	
	3d	εἰδῇ	
plu	1st	εἰδῶμεν	
	2d	εἰδῆτε	
	3d	εἰδῶσι	
optative			
sing	1st	εἰδείην	
	2d	εἰδείης	
	3d	εἰδείη	
plu	1st	εἰδεῖμεν	
	2d	εἰδεῖτε	
	3d	εἰδεῖεν	
imperative			
sing	2d	ἴσθι	
	3d	ἴστω	
plu	2d	ἴστε	
	3d	ἴστων	
		ἴστωσαν	
infinitive		εἰδέναι	

participles (for participle declension, see paradigm 23)

εἰδώς,
εἰδυῖα,
εἰδός

48. VERBS δίδωμι

	A pres	A impf	A aor	M,P pres	M,P impf	M aor
indicative						
sing 1st	δίδωμι	ἐδίδουν	ἔδωκα	δίδομαι	ἐδιδόμην	ἐδόμην
2d	δίδως	ἐδίδους	ἔδωκας	δίδοσαι	ἐδίδοσο	ἔδου
3d	δίδωσι	ἐδίδου	ἔδωκε	δίδοται	ἐδίδοτο	ἔδοτο
plu 1st	δίδομεν	ἐδίδομεν	ἐδώκαμεν	διδόμεθα	ἐδιδόμεθα	ἐδόμεθα
2d	δίδοτε	ἐδίδοτε	ἐδώκατε	δίδοσθε	ἐδίδοσθε	ἔδοσθε
3d	διδόασι	ἐδίδοσαν	ἔδωκαν	δίδονται	ἐδίδοντο	ἔδοντο

subjunctive						
sing 1st	διδῶ		δῶ	διδῶμαι		δῶμαι
2d	διδῷς		δῷς	διδῷ		δῷ
3d	διδῷ		δῷ	διδῶται		δῶται
plu 1st	διδῶμεν		δῶμεν	διδώμεθα		δώμεθα
2d	διδῶτε		δῶτε	διδῶσθε		δῶσθε
3d	διδῶσι		δῶσι	διδῶνται		δῶνται

optative						
sing 1st	διδοίην		δοίην	διδοίμην		δοίμην
2d	διδοίης		δοίης	διδοῖο		δοῖο
3d	διδοίη		δοίη	διδοῖτο		δοῖτο
plu 1st	διδοῖμεν		δοῖμεν	διδοίμεθα		δοίμεθα
2d	διδοῖτε		δοῖτε	διδοῖσθε		δοῖσθε
3d	διδοῖεν		δοῖεν	διδοῖντο		δοῖντο

imperative						
sing 2d	δίδου		δός	δίδοσο		δοῦ
3d	διδότω		δότω	διδόσθω		δόσθω
plu 2d	δίδοτε		δότε	δίδοσθε		δόσθε
3d	διδόντων		δόντων	διδόσθων		δόσθων
	διδότωσαν		δότωσαν	διδόσθωσαν		δόσθωσαν

infinitive	διδόναι		δοῦναι	δίδοσθαι		δόσθαι

participles (for participle declension, see paradigms 20, 24, 27)

διδούς,	δούς,	διδόμενος,	δόμενος,
διδοῦσα,	δοῦσα,	διδομένη,	δομένη,
διδόν	δόν	διδόμενον	δόμενον

49. VERBS *Active of* ἵστημι

		pres	impf	aor (2d)	aor (1st)	perf	plup
indicative							
sing	1st	ἵστημι	ἵστην	ἔστην	ἔστησα	ἔστηκα	εἱστήκη
	2d	ἵστης	ἵστης	ἔστης	ἔστησας	ἔστηκας	εἱστήκης
	3d	ἵστησι	ἵστη	ἔστη	ἔστησε	ἔστηκε	εἱστήκει
plu	1st	ἵσταμεν	ἵσταμεν	ἔστημεν	ἐστήσαμεν	ἐστήκαμεν	ἔσταμεν
	2d	ἵστατε	ἵστατε	ἔστητε	ἐστήσατε	ἐστήκατε	ἔστατε
	3d	ἱστᾶσι	ἵστασαν	ἔστησαν	ἔστησαν	ἔστηκαν	ἔστασαν

subjunctive				
sing	1st	ἱστῶ	στῶ	ἑστῶ
	2d	ἱστῇς	στῇς	ἑστῇς
	3d	ἱστῇ	στῇ	ἑστῇ
plu	1st	ἱστῶμεν	στῶμεν	ἑστῶμεν
	2d	ἱστῆτε	στῆτε	ἑστῆτε
	3d	ἱστῶσι	στῶσι	ἑστῶσι

optative				
sing	1st	ἱσταίην	σταίην	ἑσταίην
	2d	ἱσταίης	σταίης	ἑσταίης
	3d	ἱσταίη	σταίη	ἑσταίη
plu	1st	ἱσταῖμεν	σταῖμεν	ἑσταῖμεν
	2d	ἱσταῖτε	σταῖτε	ἑσταῖτε
	3d	ἱσταῖεν	σταῖεν	ἑσταῖεν

imperative				
sing	2d	ἵστη	στῆθι	ἔσταθι
	3d	ἱστάτω	στήτω	ἑστάτω
plu	2d	ἵστατε	στῆτε	ἔστατε
	3d	ἱστάντων	στάντων	ἑστάντων
		ἱστάτωσαν	στήτωσαν	

infinitive ἱστάναι   στῆναι   ἑστάναι

participles (for participle declension, see paradigms 22, 23)

ἱστάς,	στάς,	ἑστώς/ἑστηκώς,
ἱστᾶσα,	στᾶσα,	ἑστῶσα/ἑστηκῶσα,
ἱστάν	στάν	ἑστός/ἑστηκός

50. VERBS *Middle and Passive of* ἵστημι

	M,P pres	**M,P impf**
indicative		
sing 1st	ἵσταμαι	ἱστάμην
2d	ἵστασαι	ἵστασο
3d	ἵσταται	ἵστατο
plu 1st	ἱστάμεθα	ἱστάμεθα
2d	ἵστασθε	ἵστασθε
3d	ἵστανται	ἵσταντο

subjunctive
sing 1st	ἱστῶμαι
2d	ἱστῇ
3d	ἱστῆται

plu 1st	ἱστώμεθα
2d	ἱστῆσθε
3d	ἱστῶνται

optative
sing 1st	ἱσταίμην
2d	ἱσταῖο
3d	ἱσταῖτο

plu 1st	ἱσταίμεθα
2d	ἱσταῖσθε
3d	ἱσταῖντο

imperative
sing 2d	ἵστασο
3d	ἱστάσθω

plu 2d	ἵστασθε
3d	ἱστάσθων
	ἱστάσθωσαν

infinitive   ἵστασθαι

participles (for participle declension, see paradigm 24)
ἱστάμενος,
ἱσταμένη,
ἱστάμενον

51. VERBS τίθημι

	A pres	A impf	A aor	M,P pres	M,P impf	M aor
indicative						
sing 1st	τίθημι	ἐτίθην	ἔθηκα	τίθεμαι	ἐτιθέμην	ἐθέμην
2d	τίθης	ἐτίθεις	ἔθηκας	τίθεσαι	ἐτίθεσο	ἔθου
3d	τίθησι	ἐτίθει	ἔθηκε	τίθεται	ἐτίθετο	ἔθετο
plu 1st	τίθεμεν	ἐτίθεμεν	ἐθήκαμεν	τιθέμεθα	ἐτιθέμεθα	ἐθέμεθα
2d	τίθετε	ἐτίθετε	ἐθήκατε	τίθεσθε	ἐτίθεσθε	ἔθεσθε
3d	τιθέασι	ἐτίθεσαν	ἔθηκαν	τίθενται	ἐτίθεντο	ἔθεντο
subjunctive						
sing 1st	τιθῶ		θῶ	τιθῶμαι		θῶμαι
2d	τιθῇς		θῇς	τιθῇ		θῇ
3d	τιθῇ		θῇ	τιθῆται		θῆται
plu 1st	τιθῶμεν		θῶμεν	τιθώμεθα		θώμεθα
2d	τιθῆτε		θῆτε	τιθῆσθε		θῆσθε
3d	τιθῶσι		θῶσι	τιθῶνται		θῶνται
optative						
sing 1st	τιθείην		θείην	τιθείμην		θείμην
2d	τιθείης		θείης	τιθεῖο		θεῖο
3d	τιθείη		θείη	τιθεῖτο		θεῖτο
plu 1st	τιθεῖμεν		θεῖμεν	τιθείμεθα		θείμεθα
2d	τιθεῖτε		θεῖτε	τιθεῖσθε		θεῖσθε
3d	τιθεῖεν		θεῖεν	τιθεῖντο		θεῖντο
imperative						
sing 2d	τίθει		θές	τίθεσο		θοῦ
3d	τιθέτω		θέτω	τιθέσθω		θέσθω
plu 2d	τίθετε		θέτε	τίθεσθε		θέσθε
3d	τιθέντων		θέντων	τιθέσθων		θέσθων
	τιθέτωσαν		θέτωσαν	τιθέσθωσαν		θέσθωσαν
infinitive	τιθέναι		θεῖναι	τίθεσθαι		θέσθαι

participles (for participle declension, see paradigms 24, 27, 29)

τιθείς,	θείς,	τιθέμενος,	θέμενος,
τιθεῖσα,	θεῖσα,	τιθεμένη,	θεμένη,
τιθέν	θέν	τιθέμενον	θέμενον

52. VERBS δείκνυμι

	A pres	A impf	M,P pres	M,P impf
indicative				
sing 1st	δείκνυμι	ἐδείκνυν	δείκνυμαι	ἐδεικνύμην
2d	δείκνυς	ἐδείκνυς	δείκνυσαι	ἐδείκνυσο
3d	δείκνυσι	ἐδείκνυ	δείκνυται	ἐδείκνυτο
plu 1st	δείκνυμεν	ἐδείκνυμεν	δεικνύμεθα	ἐδεικνύμεθα
2d	δείκνυτε	ἐδείκνυτε	δείκνυσθε	ἐδείκνυσθε
3d	δεικνύασι	ἐδείκνυσαν	δείκνυνται	ἐδείκνυντο
subjunctive				
sing 1st	δεικνύω		δεικνύωμαι	
2d	δεικνύῃς		δεικνύῃ	
3d	δεικνύῃ		δεικνύηται	
plu 1st	δεικνύωμεν		δεικνυώμεθα	
2d	δεικνύητε		δεικνύησθε	
3d	δεικνύωσι		δεικνύωνται	
optative				
sing 1st	δεικνύοιμι		δεικνυοίμην	
2d	δεικνύοις		δεικνύοιο	
3d	δεικνύοι		δεικνύοιτο	
plu 1st	δεικνύοιμεν		δεικνυοίμεθα	
2d	δεικνύοιτε		δεικνύοισθε	
3d	δεικνύοιεν		δεικνύοιντο	
imperative				
sing 2d	δείκνυ		δείκνυσο	
3d	δεικνύτω		δεικνύσθω	
plu 2d	δείκνυτε		δείκνυσθε	
3d	δεικνύντων		δεικνύσθων	
	δεικνύτωσαν		δεικνύσθωσαν	
infinitive	δεικνύναι		δείκνυσθαι	

participles (for participle declension, see paradigms 20, 24)

δεικνύς,
δεικνῦσα,
δεικνύν

δεικνύμενος,
δεικνυμένη,
δεικνύμενον

53. VERBS *Active of* φημί   *Active of* εἶμι *(to go)*

	pres	impf	pres	impf
indicative				
sing 1st	φημί	ἔφην	εἶμι	ᾖα / ᾖειν
2d	φῇς	ἔφησθα / ἔφης	εἶ	ᾖεις
3d	φησί	ἔφη	εἶσι	ᾖει
plu 1st	φαμέν	ἔφαμεν	ἴμεν	ᾖμεν
2d	φατέ	ἔφατε	ἴτε	ᾖτε
3d	φασί	ἔφασαν	ἴασι	ᾖσαν / ᾖεσαν
subjunctive				
sing 1st	φῶ		ἴω	
2d	φῇς		ἴῃς	
3d	φῇ		ἴῃ	
plu 1st	φῶμεν		ἴωμεν	
2d	φῆτε		ἴητε	
3d	φῶσι		ἴωσι	
optative				
sing 1st	φαίην		ἴοιμι	
2d	φαίης		ἴοις	
3d	φαίη		ἴοι	
plu 1st	φαῖμεν		ἴοιμεν	
2d	φαῖτε		ἴοιτε	
3d	φαῖεν		ἴοιεν	
imperative				
sing 2d	φάθι		ἴθι	
3d	φάτω		ἴτω	
plu 2d	φάτε		ἴτε	
3d	φάντων		ἰόντων	
				ἴτωσαν
infinitive	φάναι		ἰέναι	

participles (for participle declension, see paradigms 20, 22)

    φάς,   ἰών,
    φᾶσα,   ἰοῦσα,
    φάν   ἰόν

54. VERBS ἵημι *(compounds only in the New Testament: e.g., ἀφίημι)*

	A pres	A impf	A aor	M,P pres	M,P impf	M aor
indicative						
sing 1st	ἵημι	ἵην	ἧκα	ἵεμαι	ἱέμην	εἵμην
2d	ἵης	ἵεις	ἧκας	ἵεσαι	ἵεσο	εἷσο
3d	ἵησι	ἵει	ἧκε	ἵεται	ἵετο	εἷτο
plu 1st	ἵεμεν	ἵεμεν	ἥκαμεν / εἷμεν	ἱέμεθα	ἱέμεθα	εἵμεθα
2d	ἵετε	ἵετε	ἥκατε / εἷτε	ἵεσθε	ἵεσθε	εἷσθε
3d	ἱᾶσι	ἵεσαν	ἧκαν / εἷσαν	ἵενται	ἵεντο	εἷντο

subjunctive				
sing 1st	ἱῶ	ὧ	ἱῶμαι	ὧμαι
2d	ἱῇς	ᾗς	ἱῇ	ᾗ
3d	ἱῇ	ᾗ	ἱῆται	ᾗται
plu 1st	ἱῶμεν	ὧμεν	ἱώμεθα	ὥμεθα
2d	ἱῆτε	ἧτε	ἱῆσθε	ἧσθε
3d	ἱῶσι	ὧσι	ἱῶνται	ὧνται

optative				
sing 1st	ἱείην	εἵην	ἱείμην	εἵμην
2d	ἱείης	εἵης	ἱεῖο	εἷο
3d	ἱείη	εἵη	ἱεῖτο	εἷτο
plu 1st	ἱεῖμεν	εἷμεν	ἱείμεθα	εἵμεθα
2d	ἱεῖτε	εἷτε	ἱεῖσθε	εἷσθε
3d	ἱεῖεν	εἷεν	ἱεῖντο	εἷντο

imperative				
sing 2d	ἵει	ἕς	ἵεσο	οὗ
3d	ἱέτω	ἕτω	ἱέσθω	ἕσθω
plu 2d	ἵετε	ἕτε	ἵεσθε	ἕσθε
3d	ἱέντων	ἕντων	ἱέσθων	ἕσθων
	ἱέτωσαν	ἕτωσαν	ἱέσθωσαν	ἕσθωσαν

infinitive	ἱέναι	εἷναι	ἵεσθαι	ἕσθαι

participles (for participle declension, see paradigms 24, 27, 29)

ἱείς,	εἷς,	ἱέμενος,	ἕμενος,
ἱεῖσα,	εἷσα,	ἱεμένη,	ἑμένη,
ἱέν	ἕν	ἱέμενον	ἕμενον

55. Summary of λύω

A pres	A impf	A fut	A aor	A perf	A plup	M,P pres
indicative						
λύω	ἔλυον	λύσω	ἔλυσα	λέλυκα	ἐλελύκη	λύομαι
λύεις	ἔλυες	λύσεις	ἔλυσας	λέλυκας	ἐλελύκης	λύει / λύῃ
λύει	ἔλυε	λύσει	ἔλυσε	λέλυκε	ἐλελύκει	λύεται
λύομεν	ἐλύομεν	λύσομεν	ἐλύσαμεν	λελύκαμεν	ἐλελύκεμεν	λυόμεθα
λύετε	ἐλύετε	λύσετε	ἐλύσατε	λελύκατε	ἐλελύκετε	λύεσθε
λύουσι	ἔλυον	λύσουσι	ἔλυσαν	λελύκασι	ἐλελύκεσαν	λύονται
subjunctive						
λύω		λύσω		λελύκω		λύωμαι
λύῃς		λύσῃς		λελύκῃς		λύῃ
λύῃ		λύσῃ		λελύκῃ		λύηται
λύωμεν		λύσωμεν		λελύκωμεν		λυώμεθα
λύητε		λύσητε		λελύκητε		λύησθε
λύωσι		λύσωσι		λελύκωσι		λύωνται
optative						
λύοιμι	λύσοιμι	λύσαιμι		λελύκοιμι		λυοίμην
λύοις	λύσοις	λύσαις		λελύκοις		λύοιο
λύοι	λύσοι	λύσαι		λελύκοι		λύοιτο
λύοιμεν	λύσοιμεν	λύσαιμεν		λελύκοιμεν		λυοίμεθα
λύοιτε	λύσοιτε	λύσαιτε		λελύκοιτε		λύοισθε
λύοιεν	λύσοιεν	λύσαιεν		λελύκοιεν		λύοιντο
imperative						
λῦε		λῦσον,		λέλυκε		λύου
λυέτω		λυσάτω		λελυκέτω		λυέσθω
λύετε		λύσατε		λελύκετε		λύεσθε
λυόντων		λυσάντων		λελυκέτωσαν		λυέσθων
λυέτωσαν		λυσάτωσαν				λυέσθωσαν
infinitive						
λύειν		λύσειν	λῦσαι	λελυκέναι		λύεσθαι
participles						
λύων,		λύσων,	λύσας,	λελυκώς,		λυόμενος,
λύουσα,		λύσουσα,	λύσασα,	λελυκυῖα,		λυομένη,
λῦον		λῦσον	λῦσαν	λελυκός		λυόμενον

55. Summary of λύω

M,P impf	M fut	M aor	M,P perf	M,P plup	P fut	P aor
indicative						
ἐλυόμην	λύσομαι	ἐλυσάμην	λέλιμαι	ἐλελύμην	λυθήσομαι	ἐλύθην
ἐλύου	λύσει / λύσῃ	ἐλύσω	λέλυσαι	ἐλέλυσο	λυθήσῃ	ἐλύθης
ἐλύετο	λύσεται	ἐλύσατο	λέλυται	ἐλέλυτο	λυθήσεται	ἐλύθη
ἐλυόμεθα	λυσόμεθα	ἐλυσάμεθα	λελύμεθα	ἐλελύμεθα	λυθησόμεθα	ἐλύθημεν
ἐλύεσθε	λύσεσθε	ἐλύσασθε	λέλυσθε	ἐλέλυσθε	λυθήσεσθε	ἐλύθητε
ἐλύοντο	λύσονται	ἐλύσαντο	λέλυνται	ἐλέλυντο	λυθήσονται	ἐλύθησαν

subjunctive

		λύσωμαι	λελιμένος ὦ			λυθῶ
		λύσῃ	λελιμένος ᾖς			λυθῇς
		λύσηται	λελιμένος ᾖ			λυθῇ
		λυσώμεθα	λελιμένοι ὦμεν			λυθῶμεν
		λύσησθε	λελιμένοι ἦτε			λυθῆτε
		λύσωνται	λελιμένοι ὦσι			λυθῶσι

optative

	λυσοίμην	λυσαίμην	λελιμένος εἴην		λυθησοίμην	λυθείην
	λύσοιο	λύσαιο	λελιμένος εἴης		λυθήσοιο	λυθείης
	λύσοιτο	λύσαιτο	λελιμένος εἴη		λυθήσοιτο	λυθείη
	λυσοίμεθα	λυσαίμεθα	λελιμένοι εἶμεν		λυθησοίμεθα	λυθείημεν
	λύσοισθε	λύσαισθε	λελιμένοι εἶτε		λυθήσοισθε	λυθείητε
	λύσοιντο	λύσαιντο	λελιμένοι εἶεν		λυθήσοιντο	λυθείησαν

imperative

		λῦσαι	λέλυσο			λύθητι
		λυσάσθω	λελύσθω			λυθήτω
		λύσασθε	λέλυσθε			λύθητε
		λυσάσθων	λελύσθων			λυθέντων
		λυσάσθωσαν	λελύσθωσαν			λυθήτωσαν

infinitive

	λύσεσθαι	λύσασθαι	λελύσθαι		λυθήσεσθαι	λυθῆναι

participles

	λυσόμενος,	λυσάμενος,	λελιμένος,		λυθησόμενος,	λυθείς,
	λυσομένη,	λυσαμένη,	λελιμένη,		λυθησομένη,	λυθεῖσα,
	λυσόμενον	λυσάμενον	λελιμένον		λυθησόμενον	λυθέν

37

56. NUMERALS

Sign		Cardinal	Ordinal	Adverb
1	α'	εἷς, μία, ἕν	πρῶτος	ἅπαξ
2	β'	δύο	δεύτερος	δίς
3	γ'	τρεῖς, τρία	τρίτος	τρίς
4	δ'	τέσσαρες, τέσσαρα	τέταρτος	τετράκις
5	ε'	πέντε	πέμπτος	πεντάκις
6	ς'	ἕξ	ἕκτος	ἑξάκις
7	ζ'	ἑπτά	ἕβδομος	ἑπτάκις
8	η'	ὀκτώ	ὄγδοος	ὀκτάκις
9	θ'	ἐννέα	ἔνατος	ἐνάκις
10	ι'	δέκα	δέκατος	δεκάκις
11	ια'	ἕνδεκα	ἑνδέκατος	ἑνδεκάκις
12	ιβ'	δώδεκα	δωδέκατος	δωδεκάκις
13	ιγ'	τρεῖς καὶ δέκα	τρίτος καὶ δέκατος	
14	ιδ'	τέσσαρες καὶ δέκα	τέταρτος καὶ δέκατος	
15	ιε'	πεντεκαίδεκα	πέμπτος καὶ δέκατος	
16	ις'	ἑκκαίδεκα	ἕκτος καὶ δέκατος	
17	ιζ'	ἑπτακαίδεκα	ἕβδομος καὶ δέκατος	
18	ιη'	ὀκτωκαίδεκα	ὄγδοος καὶ δέκατος	
19	ιθ'	ἐννεακαίδεκα	ἔνατος καὶ δέκατος	
20	κ'	εἴκοσι (ν)	εἰκοστός	εἰκοσάκις
21	κα'	εἷς καὶ εἴκοσι (ν) εἴκοσι (καὶ) εἷς	πρῶτος καὶ εἰκοστός	
30	λ'	τριάκοντα	τριακοστός	τριακοντάκις
40	μ'	τεσσαράκοντα	τεσσαρακοστός	τεσσαρακοντάκις
50	ν'	πεντήκοντα	πεντηκοστός	πεντηκοντάκις
60	ξ'	ἑξήκοντα	ἑξηκοστός	ἑξηκοντάκις
70	ο'	ἑβδομήκοντα	ἑβδομηκοστός	ἑβδομηκοντάκις
80	π'	ὀγδοήκοντα	ὀγδοηκοστός	ὀγδοηκοντάκις
90	ϙ'	ἐνενήκοντα	ἐνενηκοστός	ἐνενηκοντάκις
100	ρ'	ἑκατόν	ἑκατοστός	ἑκατοντάκις
200	σ'	διακόσιοι, αι, α	διακοσιοστός	διακοσιάκις
300	τ'	τριακόσιοι, αι, α	τριακοσιοστός	
400	υ'	τετρακόσιοι, αι, α	τετρακοσιοστός	
500	φ'	πεντακόσιοι, αι, α	πεντακοσιοστός	
600	χ'	ἑξακόσιοι, αι, α	ἑξακοσιοστός	
700	ψ'	ἑπτακόσιοι, αι, α	ἑπτακοσιοστός	
800	ω'	ὀκτακόσιοι, αι, α	ὀκτακοσιοστός	
900	ϡ'	ἐνακόσιοι, αι, α	ἐνακοσιοστός	
1000	,α	χίλιοι, αι, α	χιλιοστός	χιλιάκις
2000	,β	δισχίλιοι, αι, α	δισχιλιοστός	
3000	,γ	τρισχίλιοι, αι, α	τρισχιλιοστός	
10,000	,ι	μύριοι, αι, α	μυριοστός	μυριάκις
20,000	,κ	δισμύριοι		
100,000	,ρ	δεκακισμύριοι		

CATALOGUE OF VERBS WITH THEIR PRINCIPAL PARTS

This catalogue provides an exhaustive list of all verbs with a frequency of occurrences in excess of ten times in the Greek New Testament. The first part of the list provides in alphabetical order principal parts of all of the common types and regular classes of verbs—λύω, contract verbs, mutes, liquids, etc.—plus all of the irregular and unusual verbs whose forms present variations likely to cause difficulties for the student of New Testament Greek. The second part of the list includes the remainder of the verbs with a frequency of ten or more uses. All of the verbs in this second part have principal parts which follow the pattern of one or more of the verbs given in the first part. The verb or class whose pattern they follow is given in parentheses so that the student should be able readily to determine the principal parts of each verb.

For the sake of completeness, some principal parts not used in the Greek New Testament are included here.

For most compound verbs, the principal parts of only the root verb are given. Some compound verbs are cited, however, where the Greek New Testament uses the root verb only in compounds.

The numbers indicate approximate frequencies. They signify that forms of this verb (including compounds) and its principal parts occur at least this number of times in the Greek New Testament.

The English definitions suggest a basic meaning for the root form. A lexicon must be consulted for a full range of vocabulary meanings.

On the following page is a frequency list of the verbs in the principal parts section of the catalogue. This is included for the benefit of those who wish to learn the principal parts in their frequency order. Learning vocabulary by frequency of use has proven helpful to develop reading skills for the Greek New Testament. To learn the principal parts in their frequency order can also prove helpful.

Frequency List of Paradigm Verbs

2481	εἰμί	79	πέμπω	18	τρέχω
2391	λέγω	78	ἀνοίγω	17	ἀρέσκω
1376	ἔρχομαι	77	βαπτίζω	17	ἐλέγχω
826	ἔχω	74	ἀποκτείνω	17	κερδαίνω
667	γίνομαι	66	φημί	17	περιτέμνω
605	δίδωμι	61	κηρύσσω	17	ῥύομαι
565	ποιέω	59	ἀσπάζομαι	16	ἐκτείνω
453	ἀκούω	56	δείκνυμι	16	ἐντέλλομαι
450	ὁράω	55	κράζω	16	κλείω
431	ἵστημι	54	εὐαγγελίζω	15	δέρω
396	κρίνω	52	πείθω	15	διαμαρτύρομαι
383	λαμβάνω	52	σπείρω	15	ξηραίνω
331	καλέω	50	κεῖμαι	14	ἐκπλήσσομαι
309	ἄγω	49	φανερόω	14	ἐπίσταμαι
302	γινώσκω	45	αἱρέω	13	ἐμπαίζω
298	λαλέω	44	διώκω	13	καταισχύνω
255	βάλλω	44	τελέω	13	κλέπτω
241	πιστεύω	43	-λέγω	13	τύπτω
209	βαίνω	42	ἁμαρτάνω	12	καίω
209	δύναμαι	42	ἐγγίζω	12	πληθύνω
208	τίθημι	42	θαυμάζω	12	τυγχάνω
207	θέλω	41	δέω	12	ὑγιαίνω
195	γράφω	41	ἐργάζομαι	12	ψεύδομαι
176	εὑρίσκω	41	ἑτοιμάζω	11	γέμω
168	ἀφίημι	40	πάσχω	11	ἐάω
165	φέρω	39	ἅπτω	11	ἐπισκέπτομαι
162	μένω	39	πράσσω	11	ποιμαίνω
159	ἐσθίω	38	κλαίω	11	πυνθάνομαι
151	στέλλω	38	πειράζω	10	διατρίβω
143	ἐγείρω	37	βούλομαι	10	θλίβω
141	ἀγαπάω	37	κόπτω	10	σέβομαι
140	ζάω	35	ὀφείλω	10	σφάζω
134	λύω	34	ἀποκαλύπτω	10	φείδομαι
128	πίπτω	32	ἀρνέομαι
123	ἀγγέλλω	31	ἐλπίζω
122	θνῄσκω	31	καθαρίζω
114	σῴζω	31	φαίνω
110	μέλλω	29	λείπω
108	στρέφω	29	πίμπλημι
101	αἴρω	29	φεύγω
97	δέχομαι	28	ἡγέομαι
95	διδάσκω	27	παύω
91	κάθημαι	26	ἰάομαι
90	ἀπόλλυμι	26	ὀμνύω
89	δοκέω	25	ἥκω
86	ἄρχω	25	μανθάνω
86	πληρόω	23	κρύπτω
86	προσεύχομαι	23	μιμνῄσκω
83	τάσσω	23	χαρίζομαι
82	αἰτέω	22	αὐξάνω
81	χαίρω	22	καθεύδω
80	πίνω	18	τίκτω

40

Principal Parts

present	future	aorist	perfect A	perfect M/P	aor P
ἀγαπάω 141 love	ἀγαπήσω	ἠγάπησα	ἠγάπηκα	ἠγάπημαι	ἠγαπήθην
ἀγγέλλω 123 announce	ἀγγελῶ	ἤγγειλα	ἤγγελκα	ἤγγελμαι	ἠγγέλην ἠγγέλθην
ἄγω 309 lead	ἄξω	ἤγαγον ἦξα	ἦχα	ἦγμαι	ἤχθην
αἱρέω 45 take away	αἱρήσομαι ἑλῶ	εἷλον		ᾕρημαι	ᾑρέθην
αἴρω 101 lift up, take up	ἀρῶ	ἦρα	ἦρκα	ἦρμαι	ἤρθην
αἰτέω 82 ask for	αἰτήσω	ᾔτησα	ᾔτηκα	ᾔτημαι	ᾐτήθην
ἀκούω 453 hear	ἀκούσω	ἤκουσα	ἀκήκοα	ἤκουσμαι	ἠκούσθην
ἁμαρτάνω 42 sin	ἁμαρτήσω	ἡμάρτησα ἥμαρτον	ἡμάρτηκα	ἡμάρτημαι	ἡμαρτήθην
ἀνοίγω 78 open	ἀνοίξω	ἀνέῳξα ἤνοιξα ἠνέῳξα	ἀνέῳγα	ἀνέῳγμαι ἤνοιγμαι ἠνέῳγμαι	ἀνεῴχθην ἠνοίχθην ἠνεῴχθην
ἀποκαλύπτω 34 reveal	ἀποκαλύψω	ἀπεκάλυψα			ἀπεκαλύφθην
ἀποκτείνω ἀποκτέννω 74 kill	ἀποκτενῶ	ἀπέκτεινα			ἀπεκτάνθην
ἀπόλλυμι 90 destroy	ἀπολέσω ἀπολῶ	ἀπώλεσα	ἀπόλωλα		
ἅπτω 39 touch		ἧψα			
ἀρέσκω 17 please	ἀρέσω	ἤρεσα			

41

present	future	aorist	perfect A	perfect M/P	aor P
ἀρνέομαι ἀρνήσομαι 32 refuse, deny		ἠρνησάμην		ἤρνημαι	
ἄρχω ἄρξομαι 86 rule		ἠρξάμην			
ἀσπάζομαι 59 greet		ἠσπασάμην			
αὐξάνω αὐξήσω 22 increase		ηὔξησα			ηὐξήθην
ἀφίημι ἀφήσω 168 let go, forgive		ἀφῆκα	ἀφεῖκα	ἀφεῖμαι	ἀφέθην
βαίνω βήσομαι 209 go		ἔβην	βέβηκα		
βάλλω βαλῶ 255 throw, put		ἔβαλον	βέβληκα	βέβλημαι	ἐβλήθην
βαπτίζω βαπτίσω 77 baptize		ἐβάπτισα		βεβάπτισμαι	ἐβαπτίσθην
βούλομαι 37 wish, desire					ἐβουλήθην
γέμω 11 be full					
γίνομαι γενήσομαι 667 become		ἐγενόμην	γέγονα	γεγένημαι	ἐγενήθην
γινώσκω γνώσομαι 302 know		ἔγνων	ἔγνωκα	ἔγνωσμαι	ἐγνώσθην
γράφω γράψω 195 write		ἔγραψα	γέγραφα	γέγραμμαι	ἐγράφην
δείκνυμι δείξω 56 show		ἔδειξα	δέδειχα	δέδειγμαι	ἐδείχθην
δέρω 15 beat		ἔδειρα			ἐδάρην
δέχομαι δέξομαι 97 take, receive		ἐδεξάμην		δέδεγμαι	ἐδέχθην

42

present	future	aorist	perfect A	perfect M/P	aor P

δέω   δήσω   ἔδησα   δέδεκα   δέδεμαι   ἐδέθην
41 bind, tie   (cf. δεῖ it is necessary; also δέομαι ask, pray)

διαμαρτύρομαι   διεμαρτυράμην
15 charge, warn

διατρίβω   διέτριψα
10 spend

διδάσκω   διδάξω   ἐδίδαξα   ἐδιδάχθην
95 teach

δίδωμι   δώσω   ἔδωκα   δέδωκα   δέδομαι   ἐδόθην
605 give

διώκω   διώξω   ἐδίωξα   δεδίωχα   δεδίωγμαι   ἐδιώχθην
44 pursue, persecute

δοκέω   δόξω   ἔδοξα
89 seem

δύναμαι   δυνήσομαι   ἠδυνήθην
209 be able

ἐάω   ἐάσω   εἴασα
11 let, permit

ἐγγίζω   ἐγγιῶ   ἤγγισα   ἤγγικα
42 approach, come near

ἐγείρω   ἐγερῶ   ἤγειρα   ἐγήγερμαι   ἠγέρθην
143 raise up

εἰμί   ἔσομαι
2481 be [see paradigms 19 and 40]

ἐκπλήσσομαι   ἐξέπληξα   ἐξεπλάγην
14 amaze

ἐκτείνω   ἐκτενῶ   ἐξέτεινα
16 stretch out

ἐλέγχω   ἐλέγξω   ἤλεγξα   ἠλέγχθην
17 expose, bring to light

ἐλπίζω   ἐλπιῶ   ἤλπισα   ἤλπικα
31 hope

present	future	aorist	perfect A	perfect M/P	aor P

ἐμπαίζω ἐμπαίξω ἐνέπαιξα   ἐνεπαίχθην
13 mock

ἐντέλλομαι ἐντελοῦμαι ἐνετειλάμην   ἐντέταλμαι
16 command

ἐπισκέπτομαι   ἐπεσκεψάμην
11 examine

ἐπίσταμαι
14 understand

ἐργάζομαι   ἠργασάμην
41 work

ἔρχομαι ἐλεύσομαι ἦλθον ἐλήλυθα
1376 come, go

ἐσθίω φάγομαι ἔφαγον
159 eat

ἑτοιμάζω ἑτοιμάσω ἡτοίμασα ἡτοίμακα ἡτοίμασμαι ἡτοιμάσθην
41 prepare

εὐαγγελίζω εὐαγγελίσω εὐηγγέλισα εὐηγγέλικα εὐηγγέλισμαι εὐηγγελίσθην
54 preach the gospel

εὑρίσκω εὑρήσω εὗρον εὕρηκα εὕρημαι εὑρέθην
176 find

ἔχω ἕξω ἔσχον ἔσχηκα
826 have, hold

ζάω ζήσω ἔζησα
140 live

ἡγέομαι   ἡγησάμην   ἥγημαι
28 lead, guide

ἥκω ἥξω ἦξα ἧκα
25 have come

θαυμάζω θαυμάσομαι ἐθαύμασα τεθαύμακα   ἐθαυμάσθην
42 marvel

θέλω θελήσω ἠθέλησα
207 will

present	future	aorist	perfect A	perfect M/P	aor P
θλίβω 10 press upon				τεθλίμμαι	ἐθλίβην
θνῄσκω 122 die	θανοῦμαι	ἔθανον	τέθνηκα		
ἰάομαι 26 heal		ἰασάμην			ἰάθην
ἵστημι 431 stand	στήσω	ἔστησα ἔστην	ἔστηκα	ἔσταμαι	ἐστάθην
καθαρίζω 31 cleanse	καθαριῶ	ἐκαθάρισα		κεκαθάρισμαι	ἐκαθαρίσθην
καθεύδω 22 sleep					
κάθημαι 91 sit	καθήσομαι				
καίω 12 light, burn	καύσω	ἔκαυσα		κέκαυμαι	ἐκαύθην ἐκάην
καλέω 331 call	καλέσω	ἐκάλεσα	κέκληκα	κέκλημαι	ἐκλήθην
καταισχύνω 13 dishonor, shame				κατῃσχύμμαι	κατῃσχύνθην
κεῖμαι 50 lie, recline					
κερδαίνω 17 gain	κερδανῶ κερδήσω	ἐκέρδησα			ἐκερδήθην
κηρύσσω 61 proclaim	κηρύξω	ἐκήρυξα	κεκήρυχα	κεκήρυγμαι	ἐκηρύχθην
κλαίω 38 weep	κλαύσω	ἔκλαυσα			
κλείω 16 shut, lock	κλείσω	ἔκλεισα		κέκλεισμαι	ἐκλείσθην
κλέπτω 13 steal	κλέψω	ἔκλεψα			ἐκλάπην

present	future	aorist	perfect A	perfect M/P	aor P

κόπτω   κόψω   ἔκοψα   κέκομμαι   ἐκόπην
37 cut off, beat

κράζω   κράξω   ἔκραξα   κέκραγα
55 cry

κρίνω   κρινῶ   ἔκρινα   κέκρικα   κέκριμαι   ἐκρίθην
396 judge

κρύπτω   κρύψω   ἔκρυψα   κέκρυφα   κέκρυμμαι   ἐκρύβην
23 hide, cover

λαλέω   λαλήσω   ἐλάλησα   λελάληκα   λελάλημαι   ἐλαλήθην
298 speak

λαμβάνω   λήμψομαι   ἔλαβον   εἴληφα   εἴλημμαι   ἐλήμφθην
383 take, receive

λέγω   ἐρῶ   εἶπον   εἴρηκα   εἴρημαι   ἐρρέθην
2391 say   ἐρρήθην

-λέγω   -λέξω   -έλεξα   -λέλεγμαι   -ελέχθην
43 (as in ἐκλέγω, pick out, choose)

λείπω   λείψω   ἔλιπον   λέλοιπα   λέλειμμαι   ἐλείφθην
29 leave

λύω   λύσω   ἔλυσα   λέλυκα   λέλυμαι   ἐλύθην
134 loose

μανθάνω   μαθήσομαι   ἔμαθον   μεμάθηκα
25 learn

μέλλω   μελλήσω
110 be about to

μένω   μενῶ   ἔμεινα   μεμένηκα
162 remain

μιμνήσκω   μνήσω   ἔμνησα   μέμνημαι   ἐμνήσθην
23 remember

ξηραίνω   ἐξήρανα   ἐξήραμμαι   ἐξηράνθην
15 dry up

ὀμνύω (ὄμνυμι)   ὤμοσα
26 swear

present	future	aorist	perfect A	perfect M/P	aor P
ὁράω 450 see	ὄψομαι	εἶδον	ἑώρακα ἑόρακα		ὤφθην
ὀφείλω 35 owe					
πάσχω 40 suffer	πείσομαι	ἔπαθον	πέπονθα		
παύω 27 stop	παύσομαι	ἔπαυσα		πέπαυμαι	ἐπάην
πείθω 52 persuade	πείσω	ἔπεισα	πέποιθα	πέπεισμαι	ἐπείσθην
πειράζω 38 tempt, try, test	πειράσω	ἐπείρασα	πεπείρακα	πεπείρασμαι	ἐπειράσθην
πέμπω 79 send	πέμψω	ἔπεμψα	πέπομφα	πέπεμμαι	ἐπέμφθην
περιτέμνω 17 circumcise		περιέτεμον		περιτέτμημαι	περιετμήθην
πίμπλημι 29 fill, fulfill		ἔπλησα		πέπλησμαι	ἐπλήσθην
πίνω 80 drink	πίομαι	ἔπιον	πέπωκα	πέπομαι	ἐπόθην
πίπτω 128 fall	πεσοῦμαι	ἔπεσον ἔπεσα	πέπτωκα		
πιστεύω 241 believe	πιστεύσω	ἐπίστευσα	πεπίστευκα	πεπίστευμαι	ἐπιστεύθην
πληθύνω 12 multiply	πληθυνῶ	ἐπλήθυνα			ἐπληθύνθην
πληρόω 86 fill, fulfill	πληρώσω	ἐπλήρωσα	πεπλήρωκα	πεπλήρωμαι	ἐπληρώθην
ποιέω 565 do, make	ποιήσω	ἐποίησα	πεποίηκα	πεποίημαι	ἐποιήθην
ποιμαίνω 11 tend a flock	ποιμανῶ	ἐποίμανα			

47

present	future	aorist	perfect A	perfect M/P	aor P
πράσσω 39 do, perform	πράξω	ἔπραξα	πέπραχα	πέπραγμαι	ἐπράχθην
προσεύχομαι 86 pray	προσεύξομαι	προσηυξάμην			
πυνθάνομαι 11 inquire		ἐπυθόμην			
ῥύομαι 17 rescue, save	ῥύσομαι	ἐ(ρ)ρυσάμην			ἐ(ρ)ρύσθην
σέβομαι 10 worship					
σπείρω 52 sow	σπερῶ	ἔσπειρα		ἔσπαρμαι	ἐσπάρην
στέλλω 151 send	στελῶ	ἔστειλα	ἔσταλκα	ἔσταλμαι	ἐστάλην
στρέφω 108 turn	στρέψω	ἔστρεψα		ἔστραμμαι	ἐστράφην
σφάζω 10 slaughter	σφάξω	ἔσφαξα		ἔσφαγμαι	
σῴζω 114 save	σώσω	ἔσωσα	σέσωκα	σέσωσμαι	ἐσώθην
τάσσω 83 place, fix, appoint	τάξομαι	ἔταξα	τέταχα	τέταγμαι	ἐτάγην ἐτάχθην
τελέω 44 finish, fulfill	τελέσω	ἐτέλεσα	τετέλεκα	τετέλεσμαι	ἐτελέσθην
τίθημι 208 place, put	θήσω	ἔθηκα	τέθεικα	τέθειμαι	ἐτέθην
τίκτω 18 bring forth	τέξομαι	ἔτεκον			ἐτέχθην
τρέχω 18 run		ἔδραμον			
τυγχάνω 12 meet, happen	τεύξομαι	ἔτυχον	τέτυχα τέτευχα		

48

present	future	aorist	perfect A	perfect M/P	aor P

τύπτω
13 strike, beat

ὑγιαίνω
12 be in good health

φαίνω   φανήσομαι ἔφανα   ἐφάνην
          φανοῦμαι
31 shine, appear

φανερόω φανερώσω ἐφανέρωσα πεφανέρωκα πεφανέρωμαι ἐφανερώθην
49 make manifest

φείδομαι φείσομαι ἐφεισάμην
10 spare

φέρω   οἴσω   ἤνεγκον   ἐνήνοχα   ἠνέχθην
165 bear   ἤνεγκα

φεύγω   φεύξομαι ἔφυγον   πέφευγα
29 flee

φημί   ἔφη
66 say [see paradigm 53]

χαίρω   χαρήσομαι   ἐχάρην
81 rejoice

χαρίζομαι χαρίσομαι ἐχαρισάμην   κεχάρισμαι ἐχαρίσθην
23 show favor

ψεύδομαι ψεύσομαι ἐψευσάμην
12 lie

49

Remainder of Verbs With Frequency in Excess of Ten Uses

The principal parts for these verbs follow the pattern of the verbs in the parentheses. The verbs in parentheses are in the preceding list of principal parts.

ἀγαλλιάω	(ἀγαπάω)	βλασφημέω	(ποιέω)
ἁγιάζω	(πειράζω)	βλέπω	(γράφω)
ἀγνοέω	(ποιέω)	βοάω	(ἀγαπάω)
ἀγοράζω	(πειράζω)	γαμέω	(ποιέω)
ἀδικέω	(ποιέω)	γεννάω	(ἀγαπάω)
ἀθετέω	(ποιέω)	γεύομαι	(λύω)
ἀκολουθέω	(ποιέω)	γνωρίζω	(πειράζω)
ἀναβαίνω	(βαίνω)	γρηγορέω	(ποιέω)
ἀναβλέπω	(γράφω)	δαιμονίζομαι	(πειράζω)
ἀναγγέλλω	(ἀγγέλλω)	δέομαι	(ποιέω)
ἀναγινώσκω	(γινώσκω)	διακονέω	(ποιέω)
ἀνάγω	(ἄγω)	διακρίνω	(κρίνω)
ἀναιρέω	(αἱρέω)	διαλέγομαι	(-λέγω)
ἀνάκειμαι	(κεῖμαι)	διαλογίζομαι	(ἐργάζομαι)
ἀνακρίνω	(κρίνω)	διαμερίζω	(πειράζω)
ἀναλαμβάνω	(λαμβάνω)	διατάσσω	(τάσσω)
ἀναπαύω	(παύω)	διαφέρω	(φέρω)
ἀναπίπτω	(πίπτω)	διέρχομαι	(ἔρχομαι)
ἀναστρέφω	(στρέφω)	δικαιόω	(πληρόω)
ἀναφέρω	(φέρω)	διψάω	(ἀγαπάω)
ἀναχωρέω	(ποιέω)	δοκιμάζω	(πειράζω)
ἀνέχομαι	(ἔχω)	δοξάζω	(πειράζω)
ἀνθίστημι	(ἵστημι)	δουλεύω	(λύω)
ἀνίστημι	(ἵστημι)	ἐγκαταλείπω	(λείπω)
ἀπαγγέλλω	(ἀγγέλλω)	εἰσάγω	(ἄγω)
ἀπάγω	(ἄγω)	εἰσέρχομαι	(ἔρχομαι)
ἀπαρνέομαι	(ἀρνέομαι)	εἰσπορεύομαι	(λύω)
ἀπειθέω	(ποιέω)	ἐκβάλλω	(βάλλω)
ἀπέρχομαι	(ἔρχομαι)	ἐκκόπτω	(κόπτω)
ἀπέχω	(ἔχω)	ἐκλέγομαι	(λέγω)
ἀποδίδωμι	(δίδωμι)	ἐκπίπτω	(πίπτω)
ἀποθνήσκω	(θνήσκω)	ἐκπορεύομαι	(λύω)
ἀποκρίνομαι	(κρίνω)	ἐκχέω	(ποιέω)
ἀπολογέομαι	(ποιέω)	ἐλεέω	(ποιέω)
ἀπολύω	(λύω)	ἐμβαίνω	(βαίνω)
ἀποστέλλω	(στέλλω)	ἐμβλέπω	(γράφω)
ἁρπάζω	(πειράζω)	ἐμφανίζω	(πειράζω)
ἀσθενέω	(ποιέω)	ἐνδείκνυμαι	(δείκνυμι)
ἀτενίζω	(πειράζω)	ἐνδύω	(λύω)
ἀφαιρέω	(ποιέω)	ἐνεργέω	(ποιέω)
ἀφίστημι	(ἵστημι)	ἐξάγω	(ἄγω)
ἀφορίζω	(πειράζω)	ἐξαποστέλλω	(στέλλω)
βασανίζω	(πειράζω)	ἐξέρχομαι	(ἔρχομαι)
βασιλεύω	(λύω)	ἐξίστημι	(ἵστημι)
βαστάζω	(πειράζω)	ἐξομολογέω	(ποιέω)

ἐξουθενέω	(ποιέω)	κατασκευάζω	(πειράζω)
ἐπαγγέλλομαι	(ἀγγέλλω)	κατεργάζομαι	(ἐργάζομαι)
ἐπαίρω	(αἴρω)	κατέρχομαι	(ἔρχομαι)
ἐπαισχύνομαι	(καταισχύνω)	κατεσθίω	(ἐσθίω)
ἐπερωτάω	(ἀγαπάω)	κατέχω	(ἔχω)
ἐπιβάλλω	(βάλλω)	κατηγορέω	(ποιέω)
ἐπιγινώσκω	(γινώσκω)	κατοικέω	(ποιέω)
ἐπιδίδωμι	(δίδωμι)	καυχάομαι	(ἀγαπάω)
ἐπιζητέω	(ποιέω)	κλάω	(ἀγαπάω)
ἐπιθυμέω	(ποιέω)	κληρονομέω	(ποιέω)
ἐπικαλέω	(ποιέω)	κοιμάομαι	(ἀγαπάω)
ἐπιλαμβάνομαι	(λαμβάνω)	κοινόω	(πληρόω)
ἐπιμένω	(μένω)	κολλάομαι	(ἀγαπάω)
ἐπιπίπτω	(πίπτω)	κομίζω	(πειράζω)
ἐπιστρέφω	(στρέφω)	κοπιάω	(ἀγαπάω)
ἐπιτάσσω	(τάσσω)	κοσμέω	(ποιέω)
ἐπιτελέω	(τελέω)	κρατέω	(ποιέω)
ἐπιτίθημι	(τίθημι)	κτίζω	(πειράζω)
ἐπιτιμάω	(ἀγαπάω)	κωλύω	(λύω)
ἐπιτρέπω	(γράφω)	λατρεύω	(λύω)
ἐρωτάω	(ἀγαπάω)	λογίζομαι	(ἐργάζομαι)
εὐδοκέω	(δοκέω)	λυπέω	(ποιέω)
εὐλογέω	(ποιέω)	μακροθυμέω	(ποιέω)
εὐφραίνω	(ξηραίνω)	μαρτυρέω	(ποιέω)
εὐχαριστέω	(ποιέω)	μερίζω	(πειράζω)
ἐφίστημι	(ἵστημι)	μεριμνάω	(ἀγαπάω)
ζηλόω	(πληρόω)	μεταβαίνω	(βαίνω)
ζητέω	(ποιέω)	μετανοέω	(ποιέω)
ζωοποιέω	(ποιέω)	μισέω	(ποιέω)
θανατόω	(πληρόω)	μνημονεύω	(λύω)
θάπτω	(κρύπτω)	μοιχεύω	(λύω)
θεάομαι	(ἀγαπάω)	νηστεύω	(λύω)
θεραπεύω	(λύω)	νικάω	(ἀγαπάω)
θερίζω	(πειράζω)	νίπτω	(κρύπτω)
θεωρέω	(ποιέω)	νοέω	(ποιέω)
θύω	(λύω)	νομίζω	(πειράζω)
ἰσχύω	(λύω)	ξενίζω	(πειράζω)
καθίζω	(πειράζω)	οἰκοδομέω	(ποιέω)
καθίστημι	(ἵστημι)	ὁμοιόω	(πληρόω)
καταβαίνω	(βαίνω)	ὁμολογέω	(ποιέω)
καταγγέλλω	(ἀγγέλλω)	ὀνειδίζω	(πειράζω)
κατακαίω	(καίω)	ὀνομάζω	(πειράζω)
κατάκειμαι	(κεῖμαι)	παιδεύω	(λύω)
κατακρίνω	(κρίνω)	παραγγέλλω	(ἀγγέλλω)
καταλαμβάνω	(λαμβάνω)	παραγίνομαι	(γίνομαι)
καταλείπω	(λείπω)	παράγω	(ἄγω)
καταλύω	(λύω)	παραδίδωμι	(δίδωμι)
κατανοέω	(ποιέω)	παραιτέομαι	(αἰτέω)
καταντάω	(ἀγαπάω)	παρακαλέω	(καλέω)
καταργέω	(ποιέω)	παραλαμβάνω	(λαμβάνω)
καταρτίζω	(πειράζω)	παρατίθημι	(τίθημι)

51

πάρειμι	(εἰμί)	τελευτάω	(ἀγαπάω)
παρέρχομαι	(ἔρχομαι)	τηρέω	(ποιέω)
παρέχω	(ἔχω)	τιμάω	(ἀγαπάω)
παρίστημι	(ἵστημι)	τολμάω	(ἀγαπάω)
πατάσσω	(τάσσω)	ὑπάγω	(ἄγω)
πεινάω	(ἀγαπάω)	ὑπακούω	(ἀκούω)
πενθέω	(ποιέω)	ὑπαντάω	(ἀγαπάω)
περιβάλλω	(βάλλω)	ὑπάρχω	(ἄρχω)
περιπατέω	(ποιέω)	ὑπομένω	(μένω)
περισσεύω	(λύω)	ὑποστρέφω	(στρέφω)
πιάζω	(πειράζω)	ὑποτάσσω	(τάσσω)
πλανάω	(ἀγαπάω)	ὑστερέω	(ποιέω)
πλουτέω	(ποιέω)	ὑψόω	(πληρόω)
πορεύομαι	(λύω)	φιλέω	(ποιέω)
ποτίζω	(πειράζω)	φοβέομαι	(ποιέω)
προάγω	(ἄγω)	φονεύω	(λύω)
προέρχομαι	(ἔρχομαι)	φρονέω	(ποιέω)
προσδέχομαι	(δέχομαι)	φυλάσσω	(τάσσω)
προσδοκάω	(ἀγαπάω)	φυτεύω	(λύω)
προσέρχομαι	(ἔρχομαι)	φωνέω	(ποιέω)
προσέχω	(ἔχω)	φωτίζω	(πειράζω)
προσκαλέομαι	(καλέω)	χαρίζομαι	(πειράζω)
προσκαρτερέω	(ποιέω)	χορτάζω	(πειράζω)
προσκυνέω	(ποιέω)	χράομαι	(ἀγαπάω)
προσλαμβάνω	(λαμβάνω)	χωρίζω	(πειράζω)
προστίθημι	(τίθημι)	ὠφελέω	(ποιέω)
προσφέρω	(φέρω)		
προφητεύω	(λύω)		
πωλέω	(ποιέω)		
σαλεύω	(λύω)		
σαλπίζω	(πειράζω)		
σιγάω	(ἀγαπάω)		
σιωπάω	(ἀγαπάω)		
σκανδαλίζω	(πειράζω)		
σπλαγχνίζομαι	(πειράζω)		
σπουδάζω	(πειράζω)		
σταυρόω	(πληρόω)		
στηρίζω	(πειράζω)		
συζητέω	(ποιέω)		
συλλαμβάνω	(λαμβάνω)		
συμφέρω	(φέρω)		
συνάγω	(ἄγω)		
συνέρχομαι	(ἔρχομαι)		
συνέχω	(ἔχω)		
συνίημι	(ἀφίημι)		
συνίστημι	(ἵστημι)		
σφραγίζω	(πειράζω)		
σχίζω	(πειράζω)		
ταπεινόω	(πληρόω)		
ταράσσω	(τάσσω)		
τελειόω	(πληρόω)		

Index of Greek Words Used in the Paradigms
(Numbers refer to the Paradigms)

Subject Index for the Paradigms
(Numbers refer to the Paradigms)